남몰래 준비하는
개인사업자를 위한
절세전략

남몰래 준비하는
개인사업자를 위한
절세전략

초판 1쇄 인쇄 2019년 3월 8일
초판 1쇄 발행 2019년 3월 14일

지은이 김태관
펴낸이 남기성
책임 편집 조혜정
디자인 그별

펴낸곳 주식회사 자화상
인쇄,제작 데이타링크
출판사등록 신고번호 제 2016-000312호
주소 서울특별시 마포구 월드컵북로 400 서울산업진흥원 201호(상암동)
대표전화 (070) 7555-9653
이메일 sung0278@naver.com

ISBN 979-11-89413-47-7 13320

이 도서의 국립중앙도서관 출판예정도서목록(CIP)은 서지정보유통지원시스템 홈페이지
(http://seoji.nl.go.kr)와 국가자료공동목록시스템(http://www.nl.go.kr/kolisnet)에서
이용하실 수 있습니다.(CIP제어번호: CIP2019008731)

남몰래 준비하는 개인사업자를 위한 절세전략

직장생활을 하면서
창업을 준비하는
세금 Q&A

TAX

프로젝트A

투잡으로 수익 올리기,
이제는 필수의 시대

사업이란 단어는 시대가 흐를수록 점점 더 우리 각자에게 현실로 다가오고 있습니다. 이제는 하나의 직업만으로는 일생을 버텨낼 수 없는 시대가 되었습니다.

현재 탄탄한 대기업에 다니고 있다고 해도 그 대기업이 얼마나 버텨낼지 또 각자 그 대기업 안에서 얼마나 일할 수 있을지 알 수 없게 된 세상입니다. 막연하게 무엇인가 준비해야겠다 생각하던 시대에서 이제 확실히 시작해야겠다는 시대로 바뀌고 있습니다. 근로자의 삶은 영원할 수 없으며, 우리에게는 사업이라는 하나의 버팀목이 더 필요합니다.

과연 두 가지를 병행할 수 있을까 걱정도 앞서지만 역시나 선택의 문제가 아닌 필수의 문제라고 생각합니다. 조금이라도 더 나에게 맞는 사업 아이템이 무엇인지 고민하면서 준비하고 하나둘 실행해야겠습니다. 그런 과정에서 어려운 세금 문제가 조금이나마 이 책을 통해 쉽게 다가갔으면 합니다. 전체적인 세금의 테두리를 가늠해볼 수 있는 책, 곁에 두고 싶은 책이 되었으면 합니다.

세금은 사업을 하면서는 그 누구도 피할 수 없는 영역입니다. 소위 말해 죽을 때까지 피할 수 없는 그야말로 애증의 대상입니다. 그런 세금을 너무 어려워하거나 너무 내팽겨쳐 두기보다는 조금 더 관심을 갖고 조금 더 친근하게 대하는 게 중요합니다.

이 책 한 권으로 모든 사업자의 세금 이슈를 안다고 할 수는 없지만 적어도 큰 틀은 이해할 수 있을 거라 믿습니다. 사업이 잘 되는 경우에도 그 반대의 경우에도 세금은 항상 사업자에게는 핫이슈가 됩니다.

좀 더 쉽게 다가가는 책, 한 번 더 펼쳐보고 싶은 책으로 남았으면 합니다.

부족한 저에게 책 쓰기의 기회와 맛을 알려주신 출판사 여러분께 진심으로 감사드립니다. 특히 매번 스승 같은 마음으로 글쓰기를 돌봐주신 편집장 님께 깊은 감사를 전합니다.

부족한 아빠, 부족한 남편으로서 민혁이, 가윤이와 아내 선영이에게 출간의 기쁨을 전합니다.

사업을 준비하는 분들이 그 두려움을 조금이나마 덜고 성공을 향해 한 걸음 더 다가갈 수 있도록 작은 디딤돌이 되고 싶습니다. 감사합니다.

2019년 초입에서
김태관

1장 사업을 시작했어요!
-개인사업자

2장 창업 스타트!
-낼 세금은 왜 이렇게 많은지!

이제 법인사업자로 시작합니다
-법인사업자

4장 창업자가 절세를 위해 알아두어야 할 세금

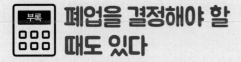

폐업을 결정해야 할 때도 있다

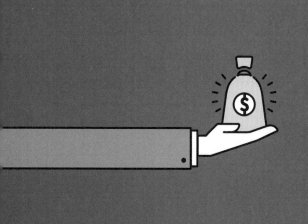

1장

사업을 시작했어요!
-개인사업자

+ 사업자 등록하기
+ 급여 외 소득이 생겼다면 종소세를 챙겨라
+ 프리랜서로 전환을 시도한다면
+ 창업 준비 전반을 말하다

📟 01

규모가 너무 작은데
사업자등록을
굳이 해야 할까요?

지인들과 작은 팀을 꾸려 디자인 외주 작업을 진행하려고 합니다. 처음 시작할 때는 별도의 사무실이나 자본금도 없습니다.

1회성 외주용역이라면 각자 프리랜서 소득으로 받을 수 있습니다. 하지만 계속해서 이 사업을 할 계획이라면 처음부터 사업자등록을 하기 바랍니다. 사업자등록을 하면 지출한 비용들을 빠짐없이 인정받아서 그만큼 세금을 줄일 수 있습니다.

💡 TIP

사업자등록 하기

- **구비서류** : 사업자등록 신청서, 임대차계약서, 신분증. 업종별 추가서류
  (예: 영업신고증)
- **하는 방법** : 관할 세무서 방문 or 홈택스 신청

02

회사를 다니고 있는데,
사업자등록을 해도 되나요?

아직 회사원이나 바로 다음 달부터 택배를 하려고 합니다. 택배도 개인사업자를 내는 게 좋다고 하여 사업자등록을 하려고 하는데 재직 중인데도 미리 사업자 등록을 해도 되나요? 만약 가능하다면 사업자등록할 때 필요한 서류로는 무엇이 있나요?

현재 재직 중인 회사에서 소속 근로자의 사업자 등록을 제한하는 취업 규직이나 회사 규정이 별도로 없다면 사업자등록이 가능합니다.

대부분의 회사들은 그런 규정이 없는 게 현실입니다.

사업자등록 신청은 공통적으로 사업자등록 신청서, 임대차계약서, 신분증을 준비하면 됩니다. 그 외에는 업종별로 추가 서류가 있는데요. 예를 들어 음식점은 사업자등록 신청 전에 영업신고증부터 받아야 합니다.

사업자등록 신청은 직접 세무서에 방문해도 되고, 홈택스에서도 온라인으로도 신청 가능합니다. 관할 세무서를 방문히는 것이 빠르고 확실합니다. 체납 등 문제가 없으면 그 자리에서 즉시 사업자등록증을 발급해줍니다.

집에서 인터넷으로
물건을 파는데도
사업자를 내야 하나요?

임대차계약을 집 주소로 해도 될까?

나는 사업자일까, 아닐까?

창업자들에게 한 가지 공통점이 있다. 사업자를 내야 하는지 여부를 모르는 경우가 제법 많다는 점이다. 나는 그저 집에서 물건 몇 개 팔 뿐인데, 매장을 가지고 있는 것도 아닌데 사업자를 내야 하느냐고 묻는 경우가 많다.

물건을 파는 횟수가 적다 하여 사업이 아니라고 할 수 없다. 예를 들어 매장을 낸 사업자인데 매출이 없어서 물건을 적게 팔 수도 있다. 이런 경우에도 사업자가 아니라고 할 수 있을까?

1년 중에 어쩌다 한두 번 하는 경우를 제외하고 그 일을 반복적으로 한다면 사업성이 있다고 보아도 좋다. 세무서는 이런 반복성을 기준으로 사업자를 판단한다. 집에서 전자상거래로 물건을 한 달에 몇 번 파는데 그게 사업자에 해당하느냐 묻는다면 당연히 그렇다고 답할 수 있다. 심지어 한 달 동안 단 한 건도 안 팔려도 이는 마찬가지다. 그러므로 집에서 전자상거래로 물건을 몇 번 판매한다고 해서 사업자가 아니라고 말하는 것은 잘못된 것이다.

나는 계속 사업을 할 것인가?

그렇다면 중고 장터는 어떨까? 중고 장터에서 개인적으로 쓰던 물건을 교환하거나 판매하는 것도 모두 사업자인가? 그렇지는 않다. 사회 통념상 상식적인 수준에서 생각해보면 된다. 중고 장터에서 내가 쓰던 물건을 파는 행위는 사업이 아니다. 하지만 물건을 판매해볼 마음으로 어딘가에서 물건들을 사와서 이를 되판다면 이는 당연히 사업자에 해당한다. 이익을 남겼는지는 중요한 게 아니다. 우리 주변에 손해 보고 장사하는 사업자들은 널려 있다.

이런 질문을 받은 적이 있다. 물건을 한 달에 세 번 팔았는데 사업자를 내야 하느냐고. 세법에는 횟수를 정해두지 않았다. 다만 그 사람이 해당 물품을 계속 반복적으로 팔고자 하는 마음이 있고 이를 적은 회수라도 판매하고 있다면 사업자에 해당하는 것이다. 단순히 자신이 소장하고 있던 물건을 파는 것과는 전혀 다르다.

1인 기업들이 많아지면서 집에서 사업자를 내고 일을 하는 경우가 많다. 그런 경우에 집에서 하는데도 사업자를 내느냐고 묻는 분들이 있다. 또는 내 집이 아닌 전세집에도 사업자를 낼 수 있냐고 묻는 분들도 있다. 두 가지 모두 가능하다. 집 역시 사업장이 될 수 있으며 집에서 무엇을 한다고 해서 사업이 아닌 것은 아니다. 그러므로 사업 자체를 생각해야지 집에서 하면 사업자가 아니라는 생각은 버려야 한다.

임대료를 줄이는 방법

사업자등록은 집에서도 얼마든지 가능하다. 반드시 매장이나 사무실을 구해서 사업자를 내야 하는 것은 아니다. 그러므로 집을 사업장 주소지로 해서 얼마든지 사업을 시작할 수 있으니 초기 비용이 고민인 경우에는 집을 사업장으로 활용하는 것도 좋다. 다만, 집에서 사업자등록이 어려운 업종도 더러 있다. 제조업의 경우 제조 시설이 필요한데 이런 경우는 집에서 제조가 어려우므로 별도의 공장이나 외주 가공업체가 필요하다. 실제 제조가 어떻게 가능한지 여부가 중요하다.

덧붙여서 집에서 사업자등록을 내는 경우에는 집 월세는 비용 처리가 되지 않는다. 집은 주거 목적으로 사용하는 곳이다. 그곳의 비용을 모두 사업과 관련되었다고 보지 않는다. 특히 전자상거래는 반드시 신고를 하고 사업을 해야 한다. 홈페이지를 만들어서 물건을 판매하는데 사업자등록증이 없는 경우 거래 상대방이 신고하는 사례가 다수 발생하고 있다. 이런 경우에는 사업자 미등록에 대한 가산세까지 부담해야 한다.

전 그냥 취미로만
하는 건데요

상담을 했던 사례 중에 이러한 것이 있었다. 테이블보를 만들어서 소소하게 팔았는데 그것도 홈페이지에서 아는 사람들에게만 팔았는데 반응이 좋았던 것이다. 그래서 그 친구의 친구, 지인의 지인에게도 테이블보를 만들어 팔게 되었다. 점점 입소문이 나서 홈페이지에 들어와서 주문하고 판매가 계속 이어지게 된 것이다. 이건 사업일까 아닐까? 내가 취미로 시작한 일이고 지인의 지인들이 실비 정도의 돈만 주면서 가져가는 경우인데도 말이다.

이렇게 판매하는 것은 반복성이 있다고 볼 수 있다. 우리가 취미생활을 하면서 그걸 돈을 받고 파는 행위까지 취미라고 말할 수는 없는 것이다. 취미로 그림을 그린다고 하자. 그 그

림을 주변 사람에게 선물로 줄 수는 있다. 그런데 그것을 선물이 아니라 돈을 받고 판다면 어떠할까? 이미 이 활동은 취미가 아닌 것이다.

앞서 말한 사례로 돌아가서 테이블보를 팔던 와중에 거래 상대방 중 한 명이 이의를 제기했다. 왜 사업자를 내지도 않고 이렇게 장사를 하느냐고. 이미 그 사람은 지인의 지인의 지인 정도 되는 사람이라서 사실 대표와의 관계는 남이라고 봐도 무방한 관계인 것이다.

이렇듯 취미로 시작했고 용돈벌이 좀 해볼까 하는 마음이었는데 본의 아니게 불법으로 영업하는 사업자로 몰리게 되는 사례가 있다. 그러므로 취미는 취미 자체로 끝나야지 이걸 판매에 연결시키고 규모를 키워간다면 본인의 의도가 어떻든 이미 사업자다.

실제로 집에서 시작한 일을 취미로 생각하고 어느 순간 다수에게 판매할 때 불시에 신고를 당하는 경우를 몇 차례 상담해보았다. 요즘 같은 세상에는 투철한 신고정신으로 무장한 다수의 손님들이 있다는 것을 결코 간과해서는 안 된다.

📟 03

간이과세자와 일반과세자,
어떤 걸로 시작해야 할까요?

해외 의류를 구입하여 국내 매장에서 판매할 생각입니다. 곧 사업자등록을 할 예정인데요. 개인사업자는 사업을 처음 시작할 때 간이과세자와 일반과세자 중에 선택할 수 있다고 들었습니다. 저와 같은 경우에는 어떻게 하는 것이 유리할까요?

....

👤 간이과세자는 부가세를 계산할때 계산 구조가 일반과세자와 다릅니다. 업종별 부가율이라는 혜택이 있어서 간이과세자가 일반과세자보다 납부세액이 작아지게 됩니다. 이로 인해서 동일한 매출에 동일한 매입일 때도 간이과세자가 일반과세자보다 부가세가 작아지는 효과가 발생합니다. 하지만 모든 일에 장단점이 있듯이 간이과세자는 매입이 매출보다 많아도 그 차액만큼 환급을 받는 제도는 없습니다. 이에 비해서 일반과세자는 매입이 매출보다 많은 경우에는 그 차액의 10%를 세무서로부터 되돌려받게 됩니다.

특히나 사업을 시작할 때 매장의 인테리어를 하거나 고가의 장비를 구입하는 경우에는 환급이 가능하므로 일반과세자가 보다 유리할 수도 있습니다.

연매출 4800만 원이 안 된다면 간이과세자가 부가세 부담이 덜하겠지만 초기에 드는 비용이 많다면 혹은 연매출 4800만 원이 넘을 예정이라면 일반과세자로 시작하는 것이 좋습니다. 향후 사업의 규모와 초기 투입비용 등을 종합적으로 고려해서 선택하기를 바랍니다.

04

세금 신고는 어떻게 해요?

온라인에서 액세서리 판매를 시작하려고 합니다. 사업자등록증을 내고 세금 신고를 해야 한다던데 신고는 어떻게 하는 것이며 언제까지 해야 하나요?

....

개인사업자의 세금 신고는 여러 가지가 있습니다만 가장 중요한 것은 부가세와 소득세, 원천세 신고입니다. 일반과세자의 부가세 신고는 1월과 7월에 있습니다.

추가로 4월과 10월에는 부가세 예정고지라고 해서 세무서에서 고지서를 직접 우편으로 사업장에 배송합니다.

소득세는 전년도 1월부터 12월까지의 1년분에 대해 5월에 신고합니다. 업종별로 매출이 기준(예 : 서비스업은 5억 원)을 넘는 성실사업자는 소득세 신고를 5월이 아닌 6월에 하게 됩니다.

주요 세금납부 기간

1월: 부가세 신고(전년도 하반기 분) 4월: 부가세 예정고지 납부

5월: 소득세 신고(전년도 1년분) 7월: 부가세 신고(상반기 분)

10월: 부가세 예정고지 납부 11월: 소득세 중간예납

소득세 신고에 대해서는 5월 초에 각 주소지로 소득세 신고에 대한 우편물이 배달된다. 이를 무심히 넘기지 말고 꼭 챙겨보아서 나중에 가산세 등의 불이익을 받는 일이 없도록 주의해야 한다.

진짜로 간이과세가
더 좋은가요?

초기 투자비용이 적고 매출이 적게 예상될 때는 유리하지만,
간이과세는 부가세 환급을 받을 수 없다.

간이과세 vs 일반과세

처음 사업자등록증을 낼 때 일반과세로 할지 간이과세로 할지 고민하는 분들이 많다. 그런데 주변에서 간이과세로 하는 것이 유리하다는 말을 듣고 별 고민 없이 간이과세를 선택하는 경우가 있다. 업체마다 성격이 다르므로 어느 것이 더 어울리는지는 다르지만 꼭 생각해보고 넘어가야 한다.

간이과세는 매출이 적을 때 적용되는데 4800만 원을 넘게 되면 그다음 해 하반기에 일반과세자로 자동 전환이 된다. 간이과세는 부가세를 상대적으로 적게 납부하게 된다. 왜냐하면 업종별 부가율이라는 것이 있어서 그만큼 가중치가 곱해지기 때문이다.

부가세를 적게 낸다는 입장에서는 유리해보이지만 반대로

도 생각해보아야 한다. 간이과세자는 부가세 환급이라는 제도 자체가 없다. 즉 창업을 해서 사무실 집기 등을 구입하기 위해 많은 돈을 쓰더라도 그에 대해서 환급을 받을 수가 없다. 또한 지출 비용이 많고 매출이 적더라도 환급을 받을 수가 없다. 이는 창업자에게 매우 치명적일 수 있다. 일반과세자라면 비용을 사용한 것이 매출보다 많으면 그 차액에 대해서 환급을 받을 수 있기 때문이다. 아주 중요한 차이점이라고 할 수 있다.

간이과세는 세금계산서를 발행할 수 없다

또 한 가지 중요한 것은 간이과세자는 세금계산서를 발행할 수가 없다. 공급가액과 부가세가 별도로 기재되는 세금계산서를 발행할 권한이 없다. 그런데 재밌게도 홈택스에서 간이과세자가 세금계산서 발행을 시도하면 세금계산서가 발행된다. 그래서 사업자들 중에는 이를 오해하고 홈택스에서 세금계산서를 계속 발행하는 사례도 있다. 간이과세자로부터 모르고 세금계산서를 받은 일반과세자는 부가세 공제가 안되서 낭패를 보게 된다. 이로 인해서 간이과세자가 상대방 거래처에 공제금액만큼 변상을 하는 경우도 보았다.

규모가 큰 거래를 하다 보면 사업자 사이에서는 당연히 세금계산서를 요구하고 그에 맞춰 세금계산서를 발행하게 된다. 그런데 이러한 거래 자체를 못하게 되면 상대방이 이상하게 여길 수도 있게 되는 것이다.

이와 같이 간이과세가 무조건 좋다는 것은 사실과 다르며 업체의 상황에 따라서 많이 달라질 수 있다. 내가 쓴 돈이 많다면 당연히 일반과세자로 환급을 받는 것이 유리하다. 또한 거래 상대방들에게 세금계산서를 발행해야 한다면 간이과세자로 시작하면 안 된다. 그렇기 때문에 상황을 잘 고려해서 진행해야 한다.

각자의 사업체 성격에 맞게 간이인지 일반인지 구별하여 신청하는 것이 가장 좋으나 구체적인 구별이 어려우면 위와 같이 생각하면 된다.

05

현금 매출도
세금을 내야 할까요?

중국요리 매장입니다. 현금 결제 시에 국세청에 신고를 한다면 부가세는 몇 프로가 붙나요? 만약 신고를 안 하거나, 거짓으로 올리면 받게 되는 불이익에는 어떤 것이 있나요?

카드 결제가 아닌 현금도 매출을 신고해야 합니다.

손님에게 1만 1,000원을 받았다면 이 안에는 이미 부가세가 포함되어 있는 것입니다. 1만 1,000원 중에 1,000원이 부가세입니다. 손님에게서 받은 돈의 110분의 10이 부가세에 해당합니다. 당연히 이러한 현금도 부가세 신고 시에 매출에 포함되어야 합니다.

신고를 누락하면 신고불성실 가산세와 납부불성실 가산세의 불이익이 있습니다. 신고불성실 가산세는 단순한 착오인 경우에는 10%이지만 의도적으로 매출을 누락했다면 40%나 부과될 수 있습니다. 여기에 납부불성실 가산세는 하루에 1만분의 2.5씩 매일매일 늘어납니다. 몇 년 후에 이런 가산세를 다 더해서 납부한다면 소위 말하는 세금 폭탄이 되는 것입니다.

▦ 06

상가 월세를 내고 있는데, 건물주가 세금계산서를 적게 발행해줍니다

저는 현재 월 200만 원의 월세를 내며 상가에서 힘들게 장사를 하고 있습니다. 건물주가 세금계산서를 40만 원밖에 발행을 해주지 않아서 골치가 아픕니다. 건물주가 개인이거나 간이과세자일 경우, 계약서와 이체 내역만 있으면 비용 처리에는 문제가 없는 걸로 알고 있는데 위와 같은 경우에는 어떻게 해야 하나요?

차액에 대해 증빙불가산세 2%를 적용하고 해당 월세를 전액 비용 처리하여 종합소득세를 신고하여도 문제가 없는 것인가요?

실제 지출한 비용에 대해서는 증빙이 있고 실질이라면 가산세를 부담하고 비용 처리가 가능합니다. 그런데 이 과정에서 상대방 매출 누락도 적발이 될 수 있습니다.

세무서는 대표님의 월세 비용을 처리해주는 대신에 해당 건물주가 제대로 월세 수입을 신고했는지 확인합니다. 만약 한쪽에서는 비용 처리하고 다른 쪽에서 매출을 신고하지 않는 경우에는 언제든지 건물주에게 잘못에 대한 소명 요구가 나올 수 있습니다.

그렇기 때문에 건물주에게는 이러한 상황을 상식적으로 설명하시고 실질대로 증빙을 요청하시는 것이 좋겠습니다.

사업해서
얼마 벌지도 않았는데
세금 신고라니요

1원을 벌더라도 해야 한다.

국세청은 다 안다

단순한 생각으로는 봤을 때는 얼마 벌지 않는데 신고를 해야 하느냐가 고민거리가 될 수 있다.

그렇다면 우리가 수입이 얼마나 있는지 국세청은 어떻게 알까? 내가 얼마 버는지 국세청에 전화해서 얘기해준 적이 없는데 국세청은 어떻게 나의 수입을 알고 있을까? 심지어 작년에 며칠 동안 아르바이트하고 50만 원을 받았는데 그런 것까지도 이미 알고 있다. 우리의 일거수일투족을 감시한 것도 아닐 텐데 말이다.

우리가 사업자로서 매출을 발생시키면 이는 자연스럽게 국세청에 해당 매출 자료가 전달된다. 카드 단말기를 통한 매출, 세금계산서를 통한 매출, 현금영수증을 통한 매출 등이 모두 이에 해당한다. 또한 우리가 프리랜서로 일을 하고 그 대가로 돈을 받을 때, 우리에게 돈을 주는 회사에서는 우리에게 돈을 주었다는 것을 신고하게 된다. 내가 직접 국세청에 신고하지 않지만 나에게 돈을 주는 회사들이 국세청에 신고를 하는 것이다.

번 게 없는 것 같아도 따져 보면 매출액이 커진다

그래서 내가 며칠 일한 대가로 크지 않은 돈을 받았더라도 이미 국세청은 나의 수입을 일일이 아는 것이다. 이런 상황에서 내가 아무리 적게 벌었더라도 신고를 하지 않는다면 국세청 입장에서는 소위 말해 괘씸죄에 해당할 수 있다. 너무나도 뻔히 수입이 있다는 것을 알고 있는데 이를 신고하지 않는다면 당연히 불성실한 납세자가 되어버리는 것이다.

소득세 신고 기간이 되면 세무서에서 소득세 신고 안내문이라는 우편물이 친절히 집으로 온다. 이 안내문에는 작년 1년 동안 내 수입이 얼마인지 자세히 적혀 있다. 사업을 통해서 벌어들인 매출뿐 아니라 프리랜서로서 벌어들인 소득, 근로자로서 벌어들인 소득 등 모든 개인 소득이 표시되어 있다. 많은 분들이 소득세 신고 기간이 되면 이 안내문을 보고 질문한다. 작년에 별로 번 것도 없는데 무슨 수입 금액이 이렇게 크냐며 당당히 묻는다. 안내문을 보고 하나 하나 짚어가면서 이야기하면 대부분 "아~ 맞지" 하거나 "그때 그랬었지, 그게 있었네!"라고 말한다. 결국 티끌 모아 태산이라는 말처럼 작년에 많이 벌지 못했다고 생각했지만 1년치를 다 합하고 나면, 더군다나 기억 못하는 것들까지 다 합하고 나면 현실적으로는 수입이 제법 많아진다. 이렇듯 합계액이 커짐에 따라 그에 따라 세금 역시 따라서 커지게 된다. 1년 동안 미리 미리 비용에 대한 증빙을 준비해둬야 하는 분명한 이유가 여기에 있다.

그렇다면 나에게 돈을 준 회사들은 모두 나에게 준만큼을 신고했을까? 대부분의 회사는 신고를 하지만 누락하는 경우도 실제로 있다. 그럼 국세청 입장에서는 신고되지 않은 이러한 수입은 알지 못한다. 돈을 받은 분은 기억하지만 국세청이 <u>모르므로</u> 이를 모른척하고 넘어가도 되나 하는 갈등이 생긴다. 이미 예상하듯이 국세청이 당장은 모르더라도, 적법한 형태는 그 수입을 합해서 신고하는 것이다.

국세청이 신고 안내문을 통해서 친절히 안내한 수입금액은 그야말로 최소한의 금액이라고 보면 된다. 최소한 이만큼은 알고 있으니 이것 이상으로 양심껏 신고해 달라는 안내인 것이다. 5월에 종합소득세 신고를 하고나면 몇 개월 후에 세무서에서 연락이 오는 경우가 있다. 나중에 추가로 세무서에서 더 알게 된 소득이 있어서 소득세 신고를 잘못했다고 연락이 오는 것이다.

결국 5월에 우편으로 배송되는 종합소득세 안내문은 임시적인 것이며 그게 확정된 수입 금액이라고 생각하면 안 되는 것이다.

07

회사를 다니다가 개인사업자를 등록했는데 연말 정산은 어떻게 하나요?

제가 작년 11월 말까지 회사에서 일하다가 그만두고 이번에 개인사업자 등록을 했는데 연말정산은 어떻게 처리해야 하는지 궁금합니다.

작년 11월에 퇴사하고 그해에 개인사업자를 등록하셨다면 올해 5월 종합소득세 신고를 하면 됩니다. 5월에 하는 종합소득세 신고는 소득세 신고의 최종판이라고 생각하면 됩니다. 이자소득, 배당소득, 사업소득, 근로소득, 연금소득, 기타소득에 대해서 모두 합산해서 신고할 수 있기 때문입니다. 근로소득에 대한 연말정산을 못했더라도 5월 종합소득세 신고 시에 합해서 함께 신고하면 됩니다.

만일 작년에 개인사업자가 없었다면 5월에 근로소득에 대한 연말정산 신고만 하면 됩니다. 올해 낸 개인사업자에 대해서는 부가세 및 소득세, 원천세 등을 1월, 5월, 7월 일정에 맞게 신고하시기 바랍니다.

📱 08

현재 회사원이나 곧 상가주택을 매입하여 자영업을 하고자 합니다

이럴 경우 근로소득과 사업소득을 합산하여 종합소득세 신고를 해야 하는 건가요? 현재 소득은 연 4000만 원대인데 사업소득이 5000만 원 더 증가할 경우 세금 부담이 대폭 커질까요?

그리고 여기에다가 임대사업자도 내어 근로, 사업소득에 임대소득까지 추가로 신고할 수 있나요?

소득세를 계산할 때는 근로소득과 사업소득을 모두 합산하여 신고합니다. 임대소득도 사업소득의 한 종류일 뿐입니다. 결과적으로 개인사업자를 내고 사업을 하는 것도 사업소득에 해당하고, 상가 임대에 따른 임대소득도 사업소득에 해당하는 것입니다.

다만, 우리나라 소득세는 누진세율 구조로써 근로소득과 사업소득이 합산되면 세율 구간이 올라가 소득세가 더 증가합니다. 누진세율이란 것은 쉽게 말해서 소득금액이 올라감에 따라서 세금이 점점 더 많이 늘어나는 구조입니다. 소득금액이 많은 사람일수록 비례해서가 아니고 더 많이 세금을 부담하는 방식입니다.

사업소득이 여러 개인 경우에는 모두 합산해서 신고하시면
됩니다.

나는 종합소득세
신고 대상일까?

직장 외 소득이 있다면, 우선 종합소득세 신고 대상이다.

근로자는 연말정산에서, 그 외는 종합소득으로

근로자는 회사에 다니면서 월급을 받게 되는데, 이를 근로소득이라 부른다. 근로소득은 소위 정규직 근로자가 되어 회사에 노동을 제공하고 그에 따라 받는 급여와 상여를 모두 합한 말이다. 우리가 흔히 듣는 단어 중에 연말 정산이라는 단어가 있다. 연말 정산은 근로자를 대상으로 매년 2월에 소득세 정산을 하는 과정이다. 내가 버는 돈이 오직 근로소득만 있다면 그런 근로자들은 2월에 연말정산으로 종합소득세 신고가 간단하게 마무리 된다. 하지만 근로소득 이외에 다른 소득이 하나라도 있다면 이를 합해서 신고해야 하는 의무가 생긴다. 위와 같이 근로소득도 종합소득 중에 하나가 된다.

매년 5월이 되면 종합소득세 신고 납부의 달이라는 말이

저녁 9시 뉴스에서도 나오고 한번쯤은 신문 기사에서도 보게 된다. 종합소득세 신고 대상자들에게는 세무서에서 친절히 집으로 우편물을 보내서 안내해주기도 한다. 그렇다면 여기서 말하는 종합소득이란 무엇일까? 단어 자체에서 하나의 소득뿐 아니라 여러 가지 소득이라는 것을 짐작할 수 있다. 우리는 5월에 신고해야 하는 종합소득이 과연 무엇인지부터 알아야 그 신고를 적법하게 할 수 있다.

프리랜서도 일종의 사업자다

우리가 사업을 하는 것은 젊은 나이에 창업을 통해 경험을 쌓고자 하는 사람들도 있지만 대부분은 돈을 벌기 위한 것이다. 이렇게 사업을 해서 돈을 벌게 되면 그것을 사업소득이라고 부른다. 창업을 하는 경우에 세금과 바로 연결시켜서 생각하는 소득이 이러한 사업소득이 된다. 소위 장사를 해서 돈을 벌거나 프리랜서 활동으로 돈을 버는 것이 이러한 사업소득에 해당한다. 그렇다면 사업자등록증을 내고 사업을 하면서 버는 소득과 프리랜서 활동 등을 해서 버는 소득은 동일한 사업소득일까?

큰 범위에서 두 가지 모두 사업소득으로 포함해서 부른다. 다만 프리랜서 활동 등을 통해 벌게 되는 돈은 인적용역 사업소득이라고 자세하게 구분할 수도 있다. 사업을 하는 사장님들은 통상 이러한 사업소득이 그 사장님의 전체 종합소득 중에 가장 큰 부분을 차지하게 될 것이다. 프리랜서 입장에서는 자신이 사업자등록을 하지 않았기 때문에 사업자가 아니라고 생각하는 분들이 많다. 하지만 프리랜서도 큰 범위에서 사업자에 포함되며 사업자등록한 사장님들과 동일하게 사업소득으로 신고하는 것이다.

이러한 프리랜서는 통상 비용 처리 측면에서는 더 불리해지는 경향이 있는 게 현실이다. 그래서 탈세의 유혹에 빠지는 경우도 많이 보게 된다.

종합소득세에는 어떤 수입이 포함될까?

사업소득과 근로소득 이외에 어떤 소득이 또 있을까? 종합소득에는 사업소득과 근로소득 외에도 이자소득, 배당소득, 연금소득, 기타소득이 있다.

종합소득세를 신고할 때 사업자의 소득은 사업소득이 되고 그 외에 근로소득이 있는 분들도 제법 있다. 그런데 이자소득, 배당소득, 연금소득, 기타소득은 많지 않다. 왜냐하면 우리가 사업을 하면서 다른 소득이 발생할 일이 현실적으로 별로 없기 때문이다. 예를 들어 이자소득이라는 것은 일 년 동안 이자로 받은 돈이 최소 2000만 원 이상이어야 종합소득세에 포함되는데 쉽게 말해 1% 이자율이라면 원금이 고스란히 20억 원은 내 통장에 있어야 한다는 말이다. 배당소득은 가장 흔한 경우가 법인 회사의 주식을 보유하고 있는 경우다. 법인 회사가 사업을 잘해서 이익이 발생한 후에 주주들에게 그 이익을 나누어주는 것을 배당이라고 한다. 이렇게 법인 회사의 주주이고 해당 회사가 이익이 나는 경우에 있을 수 있는 일이므로 흔한 소득은 아니다.

🖩 09

1인 사업자와 프리랜서, 뭐가 나을까요?

프로그래밍 기술을 가지고 혼자 일을 시작하려고 합니다. 저와 같은 경우에는 개인사업자가 되거나 프리랜서 중에 선택할 수 있다고 알고 있습니다. 그래서 프리랜서로 일을 하려고 하는데 아무리 찾아봐도 프리랜서 등록 방법이나 팁 같은 것이 없네요.

개인사업자는 관할 세무서에서 사업자등록증을 발급하고 시작하는 것으로 알고 있는데요. 프리랜서는 이러한 사업자등록 신고가 필요 없이 그냥 일을 하면 되는 건가요? 아니라면 프리랜서 사업을 시작하겠다고 어디에 신고를 해야 하는 건가요? 그리고 원천세는 일을 준 업체에서 지불하나요? 아니면 프리랜서가 내게 되나요?

 프리랜서는 사업자등록증 발급 없이 하는 것이므로 세무서에 사업자등록 신청을 할 일은 없습니다.

프리랜서에게 소득을 지급하는 회사가 지급 시에 총액의 3.3%를 제외하고 지급합니다. 여기서 3%는 사업소득세이며 0.3%는 지방세에 해당합니다. 회사는 3.3%를 뗀 후에 이를 회사가 직접 납부하게 됩니다. 보통 이를 원천세 신고 및 납부라고 부릅니다. 그 의무는 회사에 있습니다.

그러므로 프리랜서 입장에서는 3.3% 줄어든 만큼을 받고 당장은 이를 처리할 것은 없습니다. 다만, 5월에 이러한 프리랜서 소득들을 합산해서 세무서에 종합소득 신고는 해야 합니다.

🖩 10

프리랜서입니다. 사용한 카드 영수증을 모두 모아야 하나요?

연 소득 1억 5000에서 1억 8000만 원 정도 됩니다. 일단 모으고는 있는데, 신고할 때는 그냥 카드사에서 받은 걸로 처리하고 있어서 이걸 꼭 모아야 하는지 궁금합니다.

....

이론적으로는 해당 영수증을 5년 동안 보관해야 합니다. 실무에서는 카드사의 사용 내역서를 가지고 신고를 하게 됩니다.

번거로우시다면 물품 가액이 큰 영수증만 보관하시는 것도 생각해보시기 바랍니다. 왜냐하면 카드사의 사용 내역서에는 어떤 물품을 샀는지에 대한 기록은 없습니다. 간혹 세무서에서 해당 지출 건이 무슨 품목을 산 것인지 확인하는 사례들이 있습니다. 사업과 무관하게 가사용품을 산 것이 아닌지 체크하는 경우들입니다. 이런 경우들을 대비해서 물품 가액이 크다면 어떤 품목을 산 것인지에 대한 기록을 남겨두는 것이 좋습니다.

◈ TIP

홈택스에서 쉽게 종합소득세 신고하기

홈택스 로그인(공인인증서 로그인) 〉 신고/납부 메뉴 〉 세금신고 종합소득세
그때그때 원천징수영수증 받아두는 것이 중요하다.

프리랜서의
소득세 신고법
총 정리

프리랜서의 소득세는 종합소득세로 정리되는 경우가 많다.

프리랜서인데도 소득신고를 해야 하나요?

창업자들이 많이 하는 질문 중에 하나가 프리랜서도 소득세 신고를 하느냐는 것이다. 프리랜서는 우리가 일상적으로 부르는 단어이고, 세법에서는 인적용역 '사업소득자'로 부르고 있다. 사업자등록증을 안 냈을 뿐이지 이들도 마찬가지로 사업소득으로 분류한다. 조금 더 어려운 말로 하면 프리랜서란 인적시설, 물적시설이 없는 사업자라고 할 수 있다. 여기서 인적시설이 없다는 것은 정규직 직원을 채용하지 않는다는 것이다. 보통의 프리랜서는 정규직 직원 채용 없이 단독으로 일한다는 것을 떠올려보면 이해하기 쉽다. 그리고 물적 시설이 없다는 것은 사무실 공간을 두지 않는다는 의미이다.

부업으로 프리랜서를 하는 경우엔?

　이러한 프리랜서 소득도 마찬가지로 종합소득세 신고 시에 사업소득에 해당하므로 신고대상에 포함되어야 한다. 그런데 주부나 학생 중에 부업으로 프리랜서 일을 잠시 하는 경우들이 있다. 그 금액이 1년에 수백 정도에 불과해서 본인도 잊고 소득세 신고를 하지 않고 지나가는 경우들이 있다.

　이러한 경우 정기신고 기간에 신고를 하게 되면 오히려 환급을 받을 수가 있다. 왜냐하면 원천세 3.3%가 이미 납부된 상태이고 여기에다가 기본 공제 등이 적용되면 대부분 환급을 받을 수 있기 때문이다. 이렇게 놓치고 지나가는 경우에는 세무서에서 끝까지 환급 받으라고 알려주지 않는다. 반대로 납부할 금액이 있는 경우에는 세무서에서 끝까지 고지하여 세금을 거둬들인다. 그렇기 때문에 프리랜서 스스로가 이를 잘 챙겨서 돌려받을 수 있는 돈을 놓치는 일이 없도록 해야 한다. 특히나 전년도 프리랜서 수입금액이 총 2400만 원이 안 되는 경우에는 환급 가능성이 커지므로 반드시 신고하길 권장한다. 이런 경우에는 소득세 신고 방식도 간단해서 그리 어렵지 않게 환급을 받을 수 있기 때문이다.

종합소득세 신고기간을 잊지 말자!

5월은 종합소득세 신고 기간으로써 전국의 개인사업자나 다른 소득이 있는 사람들에게 기본적으로 세무서에서 우편물이 가게 되어 있다. 그런데 이 우편물은 아쉽게도 등기 우편이 아니어서 당사자가 우편물을 받는 것을 직접 확인하지 않는다. 이러한 관계로 혼자서 세금 신고를 하는 사업자의 경우 이러한 우편물을 받지 않으면 신고를 놓치게 되는 경우가 있다.

가정의 달 5월은 신고의 달 5월이라는 것을 명심해야 하겠다. 그리고 이 종합소득세 신고 안내문은 그야말로 안내문이지, 모든 게 정확하다는 보장은 없다. 그래서 이 안내문에 있는 소득만 신고했다가 후에 가산세까지 추징당하는 사례들도 있다. 안내문에 나와 있지 않은 소득도 있다면 반드시 함께 포함해서 신고해야 한다.

5월에 세무서에서
우편물이 왔어요

　우편물에 무관심하고 신고 일정을 모르는 경우에 큰 피해를 보는 사례가 있었다. A라는 프리랜서는 사업자등록을 하지 않은 채 비정기적으로 용역을 의뢰받아 일을 했다. 1년에 몇천 정도의 돈을 벌면서도 별도로 사업자등록이 없어 세금 신고를 안 해도 된다고 생각했다.

　5월에 주소지가 있는 관할 세무서에서 A에게 소득세 신고를 하라고 우편물을 보냈다. 하지만 A는 주소지가 부산일 뿐 실제 생활은 서울에서 하고 있었다. 부산의 주소지에서는 우편물을 받아주거나 잘 챙겨서 전달해줄 사람이 따로 있지 않았다. 보통 이런 경우에 A는 본인이 프리랜서이므로 소득세 신고를 해야 한다는 것을 전혀 알지 못하고 살게 된다. 우편물도 받은 적이 없으며 심지어 기존에 소득세 신고를 한 번도 한 적이 없다. 하지만 A는 신고 마감기한으로부터 약 5년 이내에 언제든지 세무서에서 뜻하지 않은 고지서를 받을 수가 있다. 소득세 신고를 하지 않고 여러 차례 안내를 했는데도 신고를 하지 않아서 세무서에서 소득세를 계산해서 고지하는 사례다.

이렇게 내가 하지 않은 소득세 신고를 세무서에서 직접 계산해서 고지할 때 납세자를 위해서 납세자가 세금을 적게 내도록 계산해줄까? 정말 그렇게 해줄 거라고 믿는다면 너무나도 착한 심성의 소유자이다. 그리고 이렇게 고지서가 오는 경우는 당연히 기존 신고뿐 아니라 그동안 불성실하게 신고한 것에 대한 가산세도 덤으로 붙어서 오게 된다.

세금 신고 시기를 잊지 말자! 상담을 하면서 납세자들이 가장 당황스러워 하는 것 중에 하나가 이 가산세다. 가산세는 크게 신고불성실가산세와 납부불성실 가산세로 나뉜다. 신고불성실 가산세는 단순한 착오인 경우에는 10%이나 의도적인 것이면 40%가 추가된다. 납부불성실 가산세는 하루에 1만분의 2.5만큼씩 늘어난다. 1년이면 9.125%가 된다. 이렇게 가산세들을 모두 합하면 소위 말해 배보다 배꼽이 더 커지는 상황이 된다.

개인사업자인데, 세금이 연체됐어요. 이런 경우에 직원을 고용할 수 있나요? 그리고 직원 고용 후 4대 보험까지 들 수 있나요?

세금이 연체된 것은 개인사업자 대표의 개인 체납에 해당합니다. 직원 채용은 사업을 위해서 필요한 일이므로 체납 때문에 채용을 못하는 것은 아닙니다. 다만, 체납된 상태에서는 인건비도 지급하지 못할 확률이 높은데 이런 경우에는 직원 채용보다는 체납을 먼저 해결하는 것이 현명해 보입니다.

정규직 직원을 채용한 경우에는 세무서에는 인건비 지급에 대한 원천세 신고를 해야 합니다. 동시에 4대 보험 공단에는 4대 보험 취득 신고도 동시에 해야 합니다. 통상 2주 안에는 4대 보험 취득 신고를 마쳐야 합니다.

📟 12

부가세나 종합소득세 연체 이자는
연 몇 프로, 몇 년까지 붙나요?

분납 신청을 해도 이자는 계속 붙나요?

신고불성실에 대한 가산세율은 종류별로 다양합니다. 납부를 늦게 하는 것에 대한 가산세율은 통상 1만분의 2.5만큼 매일 늘어납니다. 즉 1년 동안 납부를 늦추면 1년에 9.125% 정도의 납부불성실 가산세가 붙게 됩니다.

이런 납부불성실 가산세는 통상 5년 동안 계속 쌓이게 되면 45.625%까지 되므로 그 부담이 상당합니다.

TIP

기한 후 신고

과세표준 신고 기한 내에 세금을 신고하지 않을 경우에는 과세 관청이 결정하고 고지하기 전까지 납세자가 기한 후 신고를 할 수 있다. 이 경우 '무신고 가산세' 외 '납부불성실 가산세'를 납부해야 한다.

결정과 고지란?

과세표준 신고 기한 내에 세금을 신고하지 않거나 과소 신고한 경우, 과세 관청이 직권으로 과세표준을 정해 고지한다. 이 경우 가산세는 법으로 정한 무신고 가산세, 납부불성실 가산세 등을 부과하며 가산세 감면은 하지 않는다.

수정신고(세금을 적게 납부한 경우)

과세표준 신고 기한 내에 신고한 경우로 납부할 세액이 신고한 세액보다 큰 경우 과세 관청이 결정, 고지하기 전에 수정신고를 할 수 있다. 이 경우 과소신고 가산세와 납부불성실 가산세를 납부하게 된다.

경정청구(세금을 더 많이 납부한 경우)

과세표준 신고 기한 내에 신고한 경우로 납부할 세액이 신고한 세액보다 적은 경우 경정을 청구할 수 있다. 이때 법정 신고기한이 지난 후 5년 이내에 경정청구를 해야 세액을 돌려받을 수 있다.

깜빡하고
신고 기간을
지났어요!

가산세가 붙을 수 있다.
하루 빨리 세무서에 신고하자.

제 지인은 소득세 신고 안 해도 괜찮던데요?

　창업자들이 많이 하는 질문 중의 하나가 신고를 안 해도 되지 않느냐는 것이다. 사업을 자기보다 먼저 시작한 친구나 주변에 아는 지인이 소득세 신고를 안 해도 별 문제 없다고 했다는 것이다. 그분들은 이미 큰 잘못을 한 것인데 단지 그걸 깨닫지 못하는 것뿐이다.

　소득세 신고를 안 하면 미신고자로 분류되며 기본적으로 세금에 대해 가산세라는 제재를 받는다. 예를 들어 당초에 세금이 100만 원이라면 신고를 안 한 불성실 신고자에게는 신고 마감 시간에서 1초만 지나도 최소 20만 원의 가산세가 추가된다. 그리고 납부를 안 하는 날이 길어질수록 하루에 250원의 가산세가 추가된다. 여기서 세금이 100만 원이라고 가정하는 경우라 그렇지 세금이 클 때는 가산세도 비례해서 커진다. 신고 마감 시간이 지나는 순간 20%가 추가되며 하루당 1만분의 2.5만큼이 더 추가되는 것이다. 이러한 가산세는 나중에 눈덩이처럼 불어나게 되므로 우습게 볼 일이 아니다. 5년 동안 이자가 계속 불어난다고 생각하면 된다. 그것도 고금리의 이자가 하루하루 늘어난다고 생각하면 이걸 알면서 신고를 안 하거나 늦출 마음이 사라질 것이다.

세무신고를 제대로 해야 후폭풍이 없다

창업자들의 많은 수가 창업 첫해에는 손해를 보기 쉽다. 쉽게 말해서 매출보다 사용한 비용이 더 많아지므로 적자 상태가 되는 것이다. 이런 경우에는 당연히 이익이 없으므로 세금을 납부하지 않는다. 그런데 또 이와 관련해서 이런 질문을 많이 받게 된다. 손해인 경우에는 세금이 없으니 신고를 안 해도 문제없지 않냐는 것이다. 손해를 보게 되면 세금이 없는 것이 맞다. 하지만 손해를 봤다는 것은 신고를 해야만 세무서에서도 알 수 있다.

이렇듯이 우리가 사업을 해서 손해인지 이익인지에 상관없이 매해 소득세 신고를 성실히 해야 결과적으로 사업자 본인에게 피해가 돌아오지 않는다. 그래서 잘못된 생각으로 신고를 안 하게 되면 오히려 내지 않아도 될 세금을 내야 하는 불이익을 받게 된다.

세금 신고를 하지 않으면 당장 연락이 오지 않더라도 5년 이내에는 언제든지 세무서에서 연락이 올 수 있다는 사실을 명심해야 한다. 그런 경우에는 가산세가 이미 눈덩이처럼 불어서 함께 나오므로 손해는 온전히 납세자의 몫이 된다.

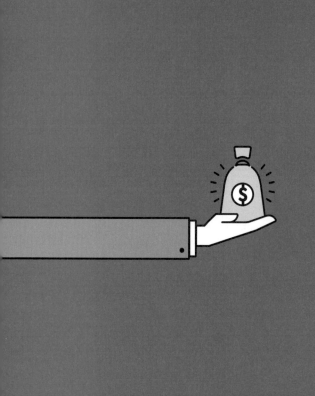

2장

창업 스타트!
-낼 세금은 왜 이렇게 많은지!

+ 개인사업자의 세금 신고
+ 비용 처리 이모저모
+ 개인 통장과 사업자 통장
+ 법인이 좋을까, 개인이 좋을까?

📱 13

적자가 났는데,
세금을 공제받을 수 있을까요?

개인사업자입니다. 작년에 사업을 시작하면서 비용이 많이 들어 적자를 보았는데요. 올해 이 적자 분을 세금 공제할 때 공제받을 수 있나요?

개인사업자가 장부를 작성하여 결손(적자)으로 세무서에 신고한 경우, 다음 해에 이익이 발생했다면 전년도 결손(적자)만큼 이익을 차감하게 됩니다. 그런데 장부를 작성해서 신고하지 않고 단순하게 경비율로 소득세를 신고했다면 이후에 공제받을 수 없습니다.

세법에서는 이러한 공제를 이월 결손금 공제라고 부르며, 창업 초기에 적자인 경우에는 추후에 이익이 날때 아주 유용하게 사용할 수 있는 제도입니다. 사업 초기부터 재무제표를 작성해서 이월 결손금 공제의 혜택을 받기를 강력히 추천합니다.

14

마이너스 매출인데, 매출 신고를 해야 하나요?

개인사업자를 내서 오픈 마켓을 조금 운영해봤는데, 가끔씩 몇 개만 팔려서 몇 만 원 매출이 있고, 매입이랑 기타비용 따지면 사실 마이너스인데 이런 것도 신고해야 하나요? 혹시 매출이 없는 걸로 신고해도 되나요?

매출이 적더라도 신고는 해야 하므로 총수입 금액과 필요 경비를 정리해서 신고하셔야 합니다. 만일 매출보다 비용이 적다면 이는 추후에 이월 결손금 공제를 받을 수 있기 때문에 놓치지 말고 신고하십시오. 당장은 혜택이 없지만 나중에 이익이 날 때는 이번에 적자 난 만큼 공제가 되기 때문에 유리합니다.

🕹 TIP

세무 기록 꼼꼼히 남기기

종합소득세를 신고하는 방법은 크게 네 가지가 있다. 장부를 작성하지 않고 정해진 비율대로만 신고하는 단순경비율과 기준경비율이 있다. 사업하면서 사용한 비용 등을 모두 장부에 작성하는 방식으로 간편장부와 복식부기가 있다. 특히 복식부기는 재무제표를 작성하는 것으로 사업의 기록이 자세히 남는 방식이다.

적자라서
신고를
전혀 안 했어요

신고를 해야 적자라고 인정해준다.

순이익이 없는데 신고를 해야 하나요?

세금은 순이익에 대해 계산해서 납부하는데 만약 순이익이 없다면 당연히 세금도 없게 된다. 이 사실에서 출발해서 순이익이 없는 경우, 즉 적자인 경우에는 세금 신고를 안 해도 된다고 생각하는 경우가 있다. 앞에서 말했다시피 세금이 없는 건 맞지만 후자는 맞지 않는 생각이다.

사업이 적자라는 것은 사장님이 아는 사실이지만 이를 세무서에 신고하지 않으면 세무서 입장에서는 해당 업체가 적자인지 아닌지 여부를 전혀 알 길이 없다. 즉 신고서가 세무서에 접수되어야 세무서 입장에서 이 업체가 적자이고 그래서 세금이 없다는 것을 판단한다.

창업자 중에 많은 분들이 올해 사업을 시작해서 매출보다 비용이 많아 적자이니 세금 신고를 하지 않아도 된다고 이야기한다. 그리고 그런 경우에는 당연히 본인 사업이 적자라고 확신하므로 신고에 필요한 비용 증빙도 제대로 남겨두지 않는다. 하지만 이는 세무서에서 판단하기에 너무나도 명백한 무신고자일 뿐이다.

적자를 어떻게 증명하나요?

만약 비용에 대한 증빙을 준비하지 않고 모두 분실하는 경우 추후에 세무서에서 조사가 나오면 적자라는 것을 어떻게 증명할 것인가? 간혹 상담을 진행해보면 분명 적자로 보이지만 관련 서류들이 전혀 남아 있지 않아서 울며 겨자 먹기 식으로 세금을 내는 경우도 있다.

그러므로 사업이 적자인지 흑자인지 여부를 본인 혼자 판단하지 말고 이를 신고서를 통해 세무서에 접수해두자. 그래야 공식적으로 적자인지 여부가 인정된다. 재차 강조하자면 스스로 생각해서 올해는 적자이고 세금이 없을 거니까 굳이 세금 신고를 하지 않겠다는 것은 정말 혼자만의 생각이니 부디 신고하기를 당부드린다.

비용을 지출하고 증빙을 남기는 데에는 세금계산서만큼 좋은 것도 없다. 세금계산서 외에도 현금영수증과 사업자 카드가 가능하다. 현금영수증은 주민번호가 아닌 사업자등록번호로 받아두어야 한다. 이런 증빙들을 소위 적격증빙이라고 부른다. 이게 많을수록 그만큼 비용 인정이 많고 그로 인해 세금이 더 줄게 되는 것이다.

과거 적자를 합해서 순이익 0으로 만들기

창업자들이 간과하는 것 중에 하나가 이월 결손금 공제라는 제도다. 이 제도는 사업을 3년 이상 계속한다면 통상 한번은 사용하게 되는 나름 효과적인 제도이다. 이를 처음부터 안다면 세금 신고를 하지 않아도 된다는 우를 범하지는 않을 것이다.

대부분의 창업자들은 첫 해에 적자인 것이 상식으로 통한다. 그리고 두 번째 해부터는 이러한 적자 업체의 수가 줄어들면서 통상 사업을 3년 이상 계속 진행하면 3년차부터는 흑자로 돌아서는 경우가 많다.

이러한 경우에 첫해에 적자가 발생했을 경우 이를 세무서에 적자로 신고하게 되면 후에 흑자가 발생하는 해에 이러한 적자를 가져다가 공제할 수가 있다. 즉 첫해에 적자가 2000만 원이고 3년차에 흑자가 2000만 원이라면 3년차 신고를 할 때 이 두 금액을 공제하고 순이익 0으로 신고할 수 있는 것이다. 이러한 공제는 적자가 발생한 해로부터 10년 이내에 해당 적자 금액을 가져다가 공제할 수 있다. 다만, 이를 인정받기 위해서는 세무서에 해당 적자 금액이 얼마인지 결산해서 신고를 해야 한다. 그런데 많은 창업자들이 이러한 정보를 모르고 실수를 범한다. 첫해에 적자가 발생했음에도 불구하고 이에 대해 신고를 하지 않는 바람에 나중에 흑자가 발생하는 해에 이러한 적자 금액을 가져다가 공제할 수가 없게 되는 것이다.

현실에서 창업자를 도와주고자 하는 이러한 제도들이 있는데 정보를 알지 못해서 오히려 이러한 혜택은 피해가는 분들이 있다. 실무에서 이런 분들의 소득세 신고를 맡아 진행하다 보면 정말 안타까운 경우들이 많이 있다. 더 안타까운 것은 이러한 정보를 사업을 10년 가까이 해도 모르는 분들도 현실에는 제법 많다는 것이다.

참고로 세법에서는 적자라는 단어 대신에 결손금이라는 단어를 사용하며 위에 나온 제도는 이월 결손금 공제라고 해서 10년 동안 적자를 사용할 수 있다고 기억해두면 좋겠다.

15

매입한 게 매출의 반인데, 종합소득세가 얼마나 나올까요?

개인사업자입니다. 현재 매출이 3억 2000만 원 매입이 1억 7000만 원 정도 됩니다. 둘의 차이가 커서 내년 종합소득세가 걱정인데요. 신용카드나 현금영수증을 당연히 사용하였지만 이런 것 제외하고 매출매입 비교하여 대충 얼마나 종합소득세가 나올까요?

종합소득세 신고 시에는 필요경비와 인건비 신고액 등이 모두 반영되어서 계산됩니다. 매출에서 비용으로 공제할 수 있는 항목들은 생각보다 많습니다.

세금계산서를 받은 금액, 현금영수증을 사용한 금액, 사업자 카드를 사용한 금액, 간이영수증을 받은 금액, 원천세 신고를 한 인건비 등 다양합니다.

구체적인 예로는 업무용 승용차 관련 비용도 포함되고, 직원들과 회식한 비용도 포함되고, 거래처 경조사에 지급한 축의금, 부조금도 포함됩니다. 실제 사용 예는 무궁무진합니다. 사업과 관련해서 지출한 직접 비용들이라면 모두 대상입니다.

그리고 신고유형에 따라서도 달라집니다. 위에 언급하신 내용만으로 단순 계산하면 과세표준 1억 5000만 원이므로 소득세가 약 3760만 원입니다. 하지만 이는 다른 필요경비 및 세액

공제, 세액감면이 전혀 반영되지 않은 것이므로 실제와 많이
달라집니다.

🖩 16

친구에게 빌려준 돈을
개인 통장으로 받았습니다.
이것도 매출로 잡히나요?

개인사업자가 매출이 발생하면 매출만큼 세금을 부과하는데 소득공제는
어떻게 되는 건가요? 예를 들어, 1000만 원 매출이 발생했는데 사업자등
록 신용카드 혹은 현금영수증으로 주유와 식사를 할 때 그 내용들이 소득
공제가 되는 건가요?

그리고 1년 전 친구에게 300만 원을 빌려주었는데 갑자기 연락이 와서
그 돈을 갚겠다고 사업자 통장이 아닌 개인 통장에 300만 원이 입금이 되
어도 매출로 잡혀버리는 건가요?

사업과 관련해서 지출한 여비교통비, 접대비 등은 비용
처리 대상이나 개인적인 가사 경비는 대상이 아닙니다.
업무와 관련하여 사용하는 차량 유지비는 비용 처리 대상이 됩
니다.

다만 승용차의 용도가 사업과 관련되거나 출퇴근용이어야
하며 1년 동안 비용 처리할 수 있는 한도는 별도로 계산해야
합니다. 그리고 그에 대한 적격증빙을 갖추어야 합니다. 사업
자카드, 사업자용 현금영수증, 세금계산서 등이 적격증빙 대상
입니다. 또한 개인적인 대여금을 돌려받은 것은 매출로 계산되
지 않습니다.

매출이
많이 난 거 같은데
세금을 많이 내야 하나요?

매출이 많아도 세금이 적을 수 있다.
순이익을 따져 보자.

내가 세금을 많이 내야 하는지 따져 보자

월 매출이 5000만 원이라면 세금이 얼마나 나올까? 같은 매출이라도 세금이 적을 수 있다. 우리가 말하는 세금이라는 것은 순이익에 대해서 내는 것이다. 매출이 발생하면 당연히 그에 따라 사업에 들어간 비용들이 있다. 전체 매출에서 비용을 제외한 금액이 소위 말하는 순이익이 된다. 세금은 이런 순이익을 가지고 계산한다. 절대 매출에 따라 세금이 계산되지 않는다. 그러므로 월매출이 얼마일 경우 세금이 얼마나 나오냐고 묻는 것은 개개의 업체마다 사용하는 비용이 다르므로 답을 할 수 없는 질문이 된다.

A라는 사장님은 1년 매출이 약 16억 원 정도 되는 분인데 결산을 진행해보면 순이익이 약 5000만 원 정도 남는다. B라

는 사장님은 1년 매출이 3억 원 정도인데 결산을 해보면 순이익이 약 1억 원 정도 된다. 그럼 이 두 분 사장님 중에 누가 더 사업을 잘 한다고 볼 수 있을까? 매출이 훨씬 높은 A 사장님일까 아니면 순이익이 더 높은 B사장님일까? 제3자가 단순히 매출액만을 보고 판단한다면 A사장님이 훨씬 사업 규모가 커 보이고 뭔가 잘 된 것 같지만 실상은 B 사장님이 훨씬 알찬 사업을 하고 있는 것이다.

제대로 절세를 하려면?

이와 같이 세금은 매출이 아닌 순이익을 기준으로 계산하게 된다. 그럼 우리가 절세를 하기 위해서, 즉 세금을 적법하게 줄이기 위해서는 어떤 노력을 해야 할까? 크게 두 가지를 생각해볼 수 있다. 매출에서 비용을 제외한 순이익에 세금이 계산되므로 매출을 줄이거나 비용을 늘려서 순이익이 작아지게 만드는 것이 가능할 것이다. 그렇다면 세금을 적게 내기 위해서 매출을 줄이는 것이 합당한 생각일까? 이는 일명 배보다 배꼽이 더 커지는 현상이 된다.

세금을 피하기 위해 매출을 줄인다는 것은 오히려 더 큰 손해만 불러올 뿐이다. 결과적으로 세금을 줄이려면 비용을 많이 확보하는 것이 현명한 방법이 된다. 그러므로 어차피 사용해야 하는 비용이라면 그 증빙을 놓치지 말고 열심히 모아서 비용을 제대로 인정받아 결과적으로는 세금을 적게 내는 방향으로 가는 것이 좋다.

우리는 절세라는 단어를 어렵게 생각하곤 한다. 하지만 이와 같이 큰 테두리에서 본다면 사용하는 비용에 대한 증빙을 놓치지 말고 열심히 챙겨서 결과적으로 세금이 줄게 만드는 것이 현명한 길이라고 생각된다.

17

자동차를
비용 처리하고 싶어요

사업자 명의로 자동차를 구매하면 비용 처리가 된다는데 어떤 혜택을 받을 수 있나요? 비용을 얼마 정도 절약할 수 있나요?

사업자 명의로 사업에 사용하는 자동차를 구매하시는 경우 비용 처리 대상이 됩니다.

개인사업자의 경우 해당 차량의 감가상각을 통해서 정액법으로 비용 처리가 가능합니다. 또한 유류비 등도 비용 처리가 가능합니다. 다만 이러한 비용 처리는 한도가 정해져 있어서 한도를 계산하여 그 이내에서만 가능합니다.

비용 처리 한도를 계산해봅시다. 비용 처리가 되면 개인사업자의 경우 소득세 신고시에 비용 처리로 인해 세율을 곱한 만큼 세금이 줄어들게 됩니다. 예들 들어, 1월에 업무용 승용차를 사업자등록번호로 세금계산서를 받고 구매했다고 가정합시다. 차량 가격이 4000만 원이라면 5년 동안 매년 800만 원씩 비용 처리가 됩니다. 여기에 추가로 1년 동안 유류비 등 기타 비용이 200만 원이 들었다고 합시다. 이 경우에는 800만 원과 200만 원을 합한 총액 1000만 원이 승용차로 인해 비용 처리가 됩니다. 업무용 승용차로 비용 처리할 수 있는 기본 한도는 위와 같다고 생각하면 됩니다.

🖩 18

자산으로 잡을지,
비용으로 잡을지 헷갈립니다

제조업, 도소매업을 하는 사업자입니다. 제조를 위한 공장을 임차하고 내부에 전기공사를 하였습니다. 두 곳에서 공사를 받았으며 각각 세금계산서를 수령하였습니다.

공사비용은 A회사에서 285만 원(부가세 별도), B회사에서 559만 원(부가세 별도)에 진행했습니다. 이런 경우 자산으로 잡아야 하나요? 아니면 비용 처리 해야 하나요? 만약 자산으로 잡을 경우, 각각 자산으로 잡아 주어야 하나요?

자산의 종류에는 크게 무형자산과 유형자산이 있습니다. 무형자산은 특허권, 영업권 등 무형의 것을 뜻합니다. 실물이 있는 것은 유형자산에 해당합니다. 전기공사가 구체적으로 어떤 공사인지에 따라 달라집니다. 시설장치 등에 해당한다면 유형자산으로 구분합니다. 단순한 수리에 해당한다면 자산이 아닌 비용으로 처리하게 됩니다.

만일 자산으로 잡아야 하는 경우에는 동일한 건을 두 곳에서 나누어서 진행했다면 하나의 자산으로 관리합니다. 그렇지 않고 두 건이 개별적인 경우에는 각각 별개의 자산으로 구분합니다.

전액 비용 처리가 되는 차가 있다

세법 개정에 따라서 일반적인 업무용 승용차는 1년에 비용 처리할 수 있는 한도를 계산해야 한다. 그런데 이런 업무용 승용차에 포함되지 않는 경우에는 비용 처리에 별도의 한도가 없다. 차량을 구분할 때 화물차, 1000cc 미만 경차, 9인승 이상 승합차가 이에 해당한다. 차량 외에 125cc 미만 오토바이도 이에 해당한다.

그 외에는 업무용 승용차로 구분해서 해당 승용차 비용 처리에 반드시 한도 계산이 필요하다. 과거처럼 고가의 승용차를 한도 없이 마음껏 비용 처리하는 것은 이제 불가능하게 되었다.

자동차를 샀어요.
비용 처리하고 싶어요

고정 자산은 한 번에 비용 처리할 수 없다.

고정 자산이 뭐지?

회계에 대한 얘기 중에 생소한 단어들이 있지만 감가상각 이라는 단어를 듣게 되는 경우가 있다. 일상적으로 사용하는 단어는 아니지만 살면서 한 번쯤은 듣게 되는 단어다. 감가상 각이란 단어는 그 자체만 봐도 무엇인가 가치가 줄어든다는 느낌이 든다. 세법의 용어들은 이처럼 일상적인 용어들과는 거리가 있다. 그렇다면 감가상각이 무엇인지 예를 통해서 알 아보도록 하자.

우리가 사업을 위해서 고가의 기계장치를 샀다고 생각해보 자. 그 기계장치의 가격이 1억 원이라고 가정한다면 우리가 그 기계장치를 사는 순간 바로 1억 원만큼 비용 처리가 될까? 세법에서는 이렇게 고정자산을 구입할 때 구입에 들어간 비용을 모두 비용 처리해주지는 않는다. 자동차도 마찬가지다.

예를 들어 사업용 차량으로 사용하기 위해서 운반용 화물차를 샀다고 가정해보자. 화물차의 가격이 5000만 원이라고 해서 구입하자마자 5000만 원을 바로 비용으로 처리해주지는 않는다. 그럼 바로 비용 처리해주지 않으면 어떻게 되는 것일까?

이러한 고정 자산들은 몇 년에 걸쳐서 나누어서 비용을 처리하게 된다. 예를 들어 1억 원의 기계 장치를 산다면 일반적으로 5년 동안 1억 원의 비용을 모두 해마다 일정 비율로 나누어서 비용 처리하게 된다. 자동차도 마찬가지로 5년의 기간을 두고 나누어서 비용 처리를 하게 된다. 이는 여러 가지 사유가 있지만 쉽게 말해서 기계 장치를 사서 그해에 모두 사용하고 기계장치를 버리는 것이 아니기 때문이다. 자동차도 마찬가지로 구입한 해에만 사용하고 폐차시키는 것이 아니기 때문이다. 우리가 고정자산을 구입하게 되면 그걸 평균 몇 년 이상은 사용한다고 가정하기 때문에 그 기간에 나누어서 비용 처리를 하게 되는 것이다. 이렇게 자산을 몇 년에 나누어서 비용 처리하는 것을 감가상각이라고 얘기한다.

컴퓨터도 고정자산 아닌가?

감가상각과 관련해서 가장 자주 오해를 받는 사례를 설명하면 다음과 같다. 그해 매출이 3억 원이고 비용이 2억 원인 대표님이 순이익 1억 원에 대한 세금을 내야 할 것을 고민하시다가 1억 원짜리 공작기계를 구매한다. 그리고 그 공작기계가 바로 비용 처리되므로 이제 순이익이 없으니 세금이 없다고 생각하는 경우가 있다.

앞에서 설명한 대로 공작기계는 고정자산이며 구입한 시점에 한 번에 모두 비용 처리되는 것이 아니다. 몇 년에 걸쳐서 나누어서 비용 처리가 된다. 그러므로 위 대표님이 생각하는 것처럼 1억 원이 한 번에 비용 처리되는 것이 아니다.

이러한 사례는 굉장히 다양하게, 빈번하게 발생한다. 그래서 연말이 되면 세금을 줄이기 위해 선투자 한다는 명목으로 이러한 기계장치 등의 고정자산을 구매하는 경우들이 있다. 안타깝게도 이렇게 구매한다고 해서 비용 처리가 바로 되는 것이 아니므로 대표님들이 생각하는 만큼 세금이 일시에 줄어드는 효과는 없다.

그렇다면 바로 비용 처리가 되는 항목과 여러 해에 걸쳐서 감가상각으로 비용 처리가 되는 항목들은 어떻게 구분해야 할까? 이는 업종별로 고정자산으로 보는 것들이 있으므로 그에 따르면 되나 대표님들이 구분이 어려우시면 반드시 담당 세무사와 먼저 상담하시기를 권해드린다.

우리가 일상적으로 소모하는 소모품들은 감가상각의 대상이 아니므로 비용 처리에 너무 스트레스를 받지 않기를 바란다. 이러한 소모품들은 컴퓨터, 모니터, 프린터, 사무용 가구, 사무용품 등 일상적인 물품들이 해당된다.

무형자산을 구분하자

감가상각을 얘기하면서 일상적으로 오해하기 쉬운 것들이 있는데 바로 무형자산이 그 한 예다. 무형자산이란 말 그대로 형체가 없는 무형의 자산을 일컫는다. 특허권 등 눈에 보이는 실체는 아니나 자산으로 인정받을 수 있는 것들이 그러하다. 가장 빈번하게 실수하는 항목들이 홈페이지 개발 등에 대한 무형자산이다. 우리가 사업을 하면서 광고선전 목적 등으로 각 회사의 홈페이지를 개발한다.

이러한 홈페이지 개발은 단기성 비용보다는 무형자산의 성격이 강하다. 그러므로 수천만 원의 돈을 들여서 홈페이지를 구축하는 경우 이러한 돈을 그해에 바로 비용 처리하는 것이 아니고 무형자산으로 등록해서 몇 해에 걸쳐서 비용 처리가 되어야 하는 것이다. 다만, 홈페이지를 통한 광고 이벤트 등 단기성 광고 선전비에 해당된다면 해당 금액들은 그해에 비용 처리가 가능하다.

이와 같이 우리가 사업을 위해서 돈을 지불하고 구입했다고 해서 해당 구입에 사용된 돈이 그해에 바로 비용으로 처리된다는 것은 위험한 발상이다.

이를 잘못 생각하고 큰 금액을 지불했다가 세금이 줄지

않는다고 원망하는 경우가 발생할 수 있다. 이런 큰 금액의 투자들은 자산이 될 가능성이 많고 그러한 자산들은 바로 비용 처리되는 것이 아니라 감가상각이라는 과정으로 몇 년에 걸쳐서 비용 처리된다는 것을 꼭 기억해주길 바란다.

📟 19

대부업 개인사업자를
내려고 합니다

P2P대출이구요. 매출은 연 2000만 원 정도 예상됩니다. 대부업 사업자가 장기 렌트 또는 리스 경비 처리가 가능한가요? 일반적으로 운행일지를 쓰지 않아도 1000만 원까지 가능한 걸로 알고 있는데 적용 가능한가요?

....

👤 업무용 승용차에 대해 비용 처리 가능합니다. 렌트료나 리스료 등에 대해서는 계산하여 감가상각비 상당액을 기준으로 연 800만 원 한도로 비용 처리 가능합니다. 유류비, 수선비 등에 대해서는 운행일지를 작성하지 않으면 연 200만 원 한도로 비용 처리 가능합니다.

운행일지를 작성하게 되면 유류비 등 기타 비용을 200만 원 이상도 인정받을 수 있습니다. 운행일지는 거래처 방문 등의 사유와 주행거리, 일자 등을 작성해두는 것이다. 참고로 회사의 출퇴근 용도도 사업상 차량을 사용한 것으로 인정받습니다.

20

개인 리스 자동차도
비용 처리가 될까요?

현재 자동차를 개인 리스로 하여 월 일정 금액을 내며 사용하고 있는데, 제가 신규 사업을 진행하며 개인사업자를 만들었습니다. 그럼 개인 리스로 하던 자동차를 개인사업자로 전환하면 비용 처리를 받을 수 있나요?

리스 회사에 리스 계산서를 사업자등록증상 사업자등록번호로 발급해달라고 요청하면 됩니다. 해당 차량을 사업상 업무용으로 사용한다면 업무용 승용차로 비용 처리가 가능합니다. 그리고 2016년도부터 업무용 승용차 세법이 많이 바뀌었습니다. 비용 처리 한도를 검토하셔야 합니다.

> 💡 TIP

2016년 개정된 세법에서 자동차 기본한도는?

감가상각을 의무화하여 800만 원을 초과하는 감가상각은 이월하여 비용을 적용하게 하였다. 업무용 승용차가 4000만 원이라면 5년 동안 800만 원씩 비용으로 처리할 수 있다. 만일 4000만 원을 넘는다면 5년이 아니라 더 많은 기간이 걸리게 된다. 예를 들어서 8000만 원 차량을 구매한다면 차량 가액을 모두 비용 처리하는 데 10년이 소요된다.
과거처럼 단시간에 비용 처리하는 것은 이제 불가능한 것이다.

리스가 좋을까,
렌트가 좋을까?

업체 상황에 따라 다르다.

할부와 리스 그리고 렌트

사업용 차량에 대해 많은 질문을 받는다. 할부가 좋은지 리스가 좋은지 또는 렌트가 좋은지에 대해서다. 이는 각 업체의 상황에 따라서 조금씩 차이가 발생한다. 이 세 가지에 대해서 우선 하나씩 살펴보도록 한다.

일단 공통적으로 위 차량들이 사업에 사용되는 차량이라는 전제가 필요하다. 가정용으로 사용할 차량을 사업자의 비용으로 처리하는 잘못된 관행은 이제 통하지 않는다고 보아야 한다. 그리고 이에 대한 세법 개정안들은 2016년도부터 순차적으로 시행되고 있으므로 과거 경험을 기준으로 잘못된 비용 처리를 하지 않기를 우선 바라는 바이다.

할부란 차량을 사업용 자산으로 취득하겠다는 전제가 깔려 있는 것이다. 다만 현재 이를 일시에 취득하기에 자금이 부족하므로 이를 할부라는 방식을 통해서 여러 번에 나누어 대금을 내겠다는 의미이다. 이렇게 할부로 차량을 취득하게 되면 해당 차량은 고정자산이 됨과 동시에 일시에 비용 처리가 되는 것이 아니고 몇 해에 걸쳐서 감가상각 방식을 통해 비용 처리가 된다.

리스라는 것은 크게 금융리스와 운용리스로 나누어진다. 방식에 따라서 나중에 리스가 끝난 이후에 소유권을 가져올지 여부도 따져보아야 한다. 리스는 실질을 따져 보면 대출이라고 할 수 있다. 대출을 받는데 그게 자동차를 이용하는 형태로 되는 것이다. 그러므로 리스는 이자율이 들어가 있고 이 이자율이 리스를 하는 사람에 따라서 달라질 수 있다. 우리가 은행에서 돈을 대출받을 때도 신용도 등에 따라 이자율이 달라진다. 리스도 유사하다고 보면 된다. 이렇게 높은 이자율로 대출을 하는 이유는 무엇일까?

한 번에 큰 대금을 주고 구입하기 힘든 외제차를 살 때 주로 쓰이는 방식이다. 주위에 둘러보면 대부분 고가의 외제차량을 타고자 하는 경우에 리스를 사용하게 된다. 그리고 그 안에 숨겨져 있는 이자율은 상당히 높으며 이를 역산해서 계산해내기가 만만치 않다.

렌트는 렌트 회사가 소유한 차량을 그야말로 빌려서 사용하는 개념이다. 그러므로 보험료, 수리비 등은 특별한 경우가 아니면 해당 렌트 회사가 부담하는 것이다. 그저 빌려 타는 의미의 형태다. 그런데 단발성인 경우가 많아서 장기가 렌트하려면 별도로 차량 렌트가 가능한지 여부를 확인해 보아야 한다. 이런 렌트의 경우에는 빌려 타는 것이므로 나의 소유가 되지 않는다. 즉 자산으로 볼 수 없다.

차량을 어떤 용도로 사용할지가 중요하다

위와 같이 할부, 리스, 렌트는 그 형태가 조금씩 다르며 자산에 등록되는지 내가 차량의 어느 비용까지 책임을 져야 하는지가 차이가 난다. 차량금액이 얼마인지 그리고 그 차량을 어떤 용도로 얼마나 오래 타는지 등을 고려해서 각 업체별로 방법을 선택해야 한다.

2016년 세법 개정을 통해서 차량에 대한 비용 처리가 기본 한도가 생겨서 이제는 과거처럼 고가의 외제차를 리스해서 타고 이에 대한 비용을 마음껏 처리하던 시절은 지나갔다. 실제로 외제차 판매가 줄어든 이유가 이러한 고가의 외제차 구입이 줄어 들어서라는 얘기를 심심치 않게 들을 수 있다. 소위 말해 사업을 하면서 허세로 차량을 이용하는 것보다는 실제 그 사업의 업종에 맞게 또한 용도 및 현재의 자금 사정에 맞게 방법을 선택하는 것이 현명하다고 생각된다.

일부 업체의 경우에 매출액보다는 큰 차량을 자산으로 등록하는 경우도 보게 된다. 이런 재무제표를 보고 과연 투자자가 거래처에서 어떤 생각을 할지는 고민해봐야 할 문제다.

🧮 21

청첩장 1장에 얼마까지
비용 처리가 되나요?

개인사업자로 자영업을 하고 있습니다. 종합소득세 신고 시에 청첩장(사본이나 캡처), 돌잔치, 부고가 있으면 경비 처리가 된다고 알고 있습니다. 1회 20만 원까지 처리가 된다고 하는데 청첩장 하나에 20만 원 기준인가요? 아니면 합에 최대 20만 원인가요? 예를 들어 부주로 10만 원 낸 청첩장이 3개라면 30만 원 그대로 다 경비 처리가 되나요? 그리고 장례식의 경우는 어떻게 참석한 것을 증명하나요?

경조사에 참석하셔서 축의금이나 부조금을 낸 금액이 기준이 됩니다. 다만, 그 1회의 금액이 20만 원을 넘을 수는 없습니다. 예를 들어서 10만 원을 축의금으로 냈다면 10만 원이 비용 처리가 됩니다. 그런데 30만 원을 축의금으로 냈다면 한도인 20만 원까지만 비용 처리가 됩니다.

그리고 이런 비용 처리 한도는 건마다 판단합니다. 모두 합해서 판단하는 것은 아닙니다.

경조사 증빙자료는 객관적으로 인정될 수 있는 청첩장, 부고장, 돌잔치 초대장 또는 경조사 장소, 일시 등의 구체적인 내용이 기재된 서류 사본 등도 가능합니다.

📟 22

모바일 청첩장도
될까요?

요즘 종이보다 모바일 청첩장을 주로 받는데 이런 경우 비용 처리할 때
사용할 수 있나요?

네, 모바일 청첩장도 가능합니다. 캡처를 하여 사본으로 출력해 모아두면 증빙서류로 사용할 수 있습니다. 이런 경우에 보다 중요한 것은 실제 그 청첩장이 사업과 관련해서 발생한 것이냐입니다. 거래처의 경조사가 아닌 개인적인 경조사라면 이는 사업과 관련성이 없으므로 비용 처리 대상이 되지 않는 것입니다.

💡 TIP

요즘은 모든 것이 모바일화 되어가고 있다. 그래서 실제 실물이 있는 청첩장이 아닌 카카오톡이나 인터넷상의 청첩장을 주는 경우가 매우 많다. 이런 것도 사본으로 출력이 된 실제 거래처의 경조사라면 사업과 관련된 비용으로 처리가 가능하다. 하지만 그게 아닌 경우라면 사업과 관련된 비용에는 해당되지 않는다는 것을 명심해야 한다.

청첩장을
모아두세요

축의금이나 조의금도 비용 처리가 된다.

종이 청첩장도, 모바일 청첩장도 OK

사업을 하다 보면 많은 거래처를 만나게 된다. 거래처가 없이 나 홀로 사업을 하는 일은 매우 드문 일이다. 이렇게 많은 거래처를 상대하다 보면 거래처에서 생기는 경조사들도 알게 된다. 이런 경조사는 가장 빈번한 것이 결혼식과 장례식이다. 거래처 사장님의 자녀분이 결혼을 하는 경우도 있고 거래처 사장님의 부모님이 돌아가시는 경우도 있다. 우리는 이러한 거래처의 경조사에 축의금이나 조의금을 내게 된다. 이런 돈은 사실 사업 때문에 발생하는 것이다. 그래서 세법에서는 이에 대한 비용 처리를 인정하고 있다.

그럼 그 결혼식에 참석했다는 것은 어떻게 증빙할 수 있을까? 역시 가장 정확한 방법은 그 결혼식의 청첩장을 준비해두는 것이다. 언제 어디서 있었던 결혼식인지 알면 해당 날짜로 비용 처리가 가능하다. 그러므로 이러한 청첩장을 버리지 말고 사업용 비용 처리를 위해 모아둘 것을 권장한다.

청첩장도 접대의 일부

이러한 청첩장은 과연 어떤 항목으로 비용 처리가 될까? 그것은 접대비라는 계정과목이다. 접대비라는 것은 사업의 원활한 관계를 위해 사용하는 비용이라고 생각할 수 있다. 거래처는 나에게 있어 사업적으로 매우 중요한 관계자이므로 그 거래처의 경조사에 지급한 경조사비는 접대비로 처리할 수 있는 것이다.

그런데 접대비는 한도가 있다. 기본 한도가 중소기업의 경우 2400만 원인데 물론 이 금액을 초과해서 사용하지 말라는 의미가 한도다. 청첩장 한 장의 경우에는 최대 20만원까지 비용 처리가 가능하다. 쉽게 말해서 청첩장 한 장이 있다고 해서 20만 원 비용 처리가 되는 것이 아니고 실제 경조사에 지급한 비용이 10만 원이라면 딱 그만큼 처리가 되는데 최대 20만 원을 넘을 수 없다는 것이다. 통상 청첩장 한 장에 무조건 20만 원이라고 오해하시는 경우가 있는데 현실에서 지급한 금액이 기준이 되고 그 금액이 20만 원을 넘더라도 20만 원으로 처리한다는 것이다.

부고의 경우는?

접대비에 꼭 청첩장만 가능할까? 우리가 장례식장에 가게 되면 부고장이라는 것도 있다. 그런데 요즘 현실에서는 이러한 부고장을 잘 주고받지 않는다. 그래서 해당 장례식장에 갔다는 구체적인 증빙이 별도로 있다면 이 또한 접대비로 비용 처리가 가능하다.

사업을 하면서 대부분의 비용들은 세금계산서, 신용카드, 현금영수증 카드로 그 증빙이 가능하다. 그런데 위와 같이 접대비를 카드로 결제하거나 현금영수증을 받는 일은 없다. 그러하므로 위와 같이 청첩장이나 부고장 등을 모아서 이를 접대비의 증빙으로 활용할 수가 있는 것이다.

💀 TIP

과거에는 청첩장을 사는 경우들도 있었다. 이는 해당 청첩장으로 비용 처리를 하면 더 이득을 보는 고소득자들의 경우였다. 쉽게 말해 최고 세율인 42% 구간에 해당하는 경우에는 20만 원의 42퍼센트인 8만 4,000원을 세금을 줄일 수 있는 효과가 있기 때문이다. 하지만 이와 같은 거래는 엄연히 불법이며 본인 사업을 위해 사업상 사용하는 접대비의 경우에만 비용 처리가 가능하다는 점을 잊어서는 안 되겠다.

23

개인 계좌로 판매해도
매출, 매입 신고가 되나요?

개인사업자 일반과세로 온라인쇼핑몰을 운영 중입니다. 현재 사업자 통장을 이용 중인데 매번 이체시마다 수수료가 붙어 개인계좌로 입출금을 하려고 합니다. 이럴 경우, 사업자 부가가치세 신고 시에도 증빙이 가능한가요? 그리고 고객이 구입한 상품대금을 개인계좌로 받게 될 경우, 매출, 매입 신고가 가능한가요?

 개인계좌로 받은 금액이나 지출한 금액도 매출, 매입 신고는 가능합니다.

다만 해당 계좌를 홈택스에 사업용 계좌로 등록하셔야 합니다. 그리고 개인 거래가 섞이면 추후에 통장 내역을 정리할 때 구분이 어려워 복잡해지기도 합니다.

추가로 복식부기 의무자가 사업용 계좌를 사용하지 않으면 불이익을 당하게 됩니다. 사업용 계좌를 사용하지 않은 금액의 0.2%에 대한 가산세를 물게 됩니다. 그러므로 반드시 사업 초기부터 사업용 계좌를 홈택스에 등록하고 사용할 것을 권장합니다.

📟 24

사업자 통장을
따로 두지 않으려 합니다

개인사업자입니다. 사업용 통장을 따로 개설할 필요 없이 사업을 준비하는 과정에서 전화등록 및 물품구매를 했던 통장과 카드를 홈택스에 등록해도 무관한가요?

👤 개인 통장과 개인카드를 사용하는 것이 가능은 하나 용도를 구별하기가 불편하므로 추천하지 않습니다. 사업자등록증으로 사업자 통장을 개설하고 해당 통장을 홈택스에 등록하시기 바랍니다. 이때 사업자카드도 같이 홈택스에 등록하시길 바랍니다.

> **💡 TIP**
>
> 개인 통장이더라도 그 통장을 오직 사업자용으로만 사용했다면 사업용 계좌로 등록해도 무방하다. 하지만 개인통장에 가사 경비나 개인적인 입출금이 섞여 있는 경우에는 대표 본인에 후에 사업용인지 개인용인지 구분을 못한다. 개인 통장이든 사업용 계좌이든 특정 통장을 처음부터 구별해서 등록하고 그 후에는 계속 사업용으로 쓰는 것이 좋다.

제 통장을
다 신고해야 하나요?

사업용으로 쓰는 통장만 홈텍스에 등록하기.

사업자 통장이 거래의 기준이 된다

사업을 시작하면서 만들어야 하는 것 중에 하나가 사업자 통장이다. 사업과 관련된 돈이 입금되고 출금될 때 사업자 통장을 통해서 거래해야 되는 것이 원칙이다. 특히 인건비 등 주요 경비는 사업자 통장을 통해서 지급되어야 한다. 그러나 사업자 통장을 써야 함에도 현실에서 이를 모르고 사용하지 않는 경우들이 많다.

사업자 통장을 쓰지 않는 경우에는 0.2%의 가산세가 부과된다. 그런데 현실에서 소규모 사업자들은 사업자 통장을 잘 사용하지 않는 경향이 강하다. 이는 추후에 가산세를 추징당할 수 있는 사항이니 반드시 유의해야 한다.

사업을 하면서 우리가 돈을 받거나 지급하는 경우에는 통장을 기준으로 해야 한다. 만약에 통장에서 돈이 나가지 않았다고 해보자. 이를 현금으로 줬다고 주장한다면 적어도 통장에서 현금으로 인출한 내역이 필요할 것이다. 그런데 현금을 인출해서 준 이력도 없다. 이런 경우 과연 제3자가 지급 사실을 확인할 수 있을까? 결과적으로 허위 거래로 오해받게 되는 것이다.

우리는 모든 거래를 기억하지 못한다

사업자 통장을 쓰지 않으면 단 몇 개월 후에 대표 스스로도 기존 거래가 어떻게 이뤄졌는지 기억이 전혀 나지 않게 된다. 사업으로 바쁜데 거래 내역을 일일이 기억할 수가 없지 않는가. 그래서 통장 사용이 평소에 중요한 것이다.

세무조사를 예로 들어보자. 세무조사가 나왔는데 사업자 통장에 2년 전에 입금된 돈 1000만 원이 있다고 하자. 그런데 대표가 이 거래가 무엇인지 기억하지 못하고 동시에 매출 세금계산서를 발행하지 않았다면 어떻게 될까? 이것은 상식적으로 매출이 있었는데 신고를 하지 않은 매출 누락으로 오해

받을 수 있다. 충분히 가능한 일이다. 적요를 전혀 적어두지 않으면 대표 스스로도 기억하지 못한다.

반대의 경우는 어떠할까? 대표가 상대 거래처에서 2000만 원의 매입 세금계산서를 받았다. 그런데 그해에 상대 거래처에 2000만 원을 통장에서 지급한 내역이 없다. 이제 시간이 흘러 대표는 그런 거래가 있었는지조차 가물가물하다. 그렇다면 이를 실제로 지급했는지 어떻게 설명할 수 있는가? 세무서에서 이를 가공 거래로 의심하고 소명하라고 하면 어떻게 설명할 것인가?

이와 같이 사업자 통장을 사용하지 않으면 몇 년 후에는 전혀 그 거래에 대한 기억도 없고 제3자가 소명을 요청했을 때 설명도 할 수 없다. 그러므로 반드시 사업자 통장을 사용하되 적요에 거래 내역을 꼼꼼히 적는 습관을 가져야 한다.

25

개인 카드로도
사업자 카드 전용으로
사용할 수 있나요?

만약 개인 카드를 사업자 전용 카드로 사용하려면 홈택스에 등록만 하면
되나요?

대표 개인 카드를 사업자 카드로 등록할 수 있습니다.
하지만 사업자 카드를 만드는 것을 추천합니다. 사업자
카드를 만들어서 사업과 관련된 비용을 지출할 때 해당 사업
자카드로 결제하는 것이 원칙입니다. 부득이하게 개인카드를
만들고 이를 오직 사업에만 사용한다면 이것도 괜찮습니다.

중요한 점은 해당 카드를 개인적 지출이 아닌 사업과 관련해
서만 사용한다는 점입니다. 홈택스에는 여러 장의 카드를 등록
할 수 있으니 개수는 고민하지 않아도 됩니다.

> **💡 TIP**
>
> 사업자 통장은 반드시 홈택스에 사업자용 통장으로 등재해 두어야 한다.
> 법인의 경우에는 법인 통장을 만들 때 자동으로 통장이 등록되므로 직
> 접 하지 않아도 된다. 하지만 개인의 경우에는 반드시 개인 사업자 스스
> 로 통장을 등록해야 한다.

📠 26

사용하고 있는 일반 신용카드 (사업장 운영에 필요한 경비지출)를 사업자 카드로 등록했습니다

등록하기 전 사용했던 경비는 제가 따로 증빙자료를 제출해야 하나요? 카드 등록일 기준으로 사용 내역이 전산에 등록되는 건가요, 아니면 올 초부터 모든 내역이 등록되나요?

카드 등록을 한 경우 분기 단위로 조회가 가능합니다. 예를 들어 2월에 홈택스에 등록했다면 1월부터 사업자 카드 사용 내역이 조회됩니다.

1사 분기 중에 사업자 카드를 등록하면 1월부터 사용 내역이 조회 가능하게 되는 것입니다.

> **🏆 TIP**
>
> **카드 사용 내역을 주의하자!**
> 과거와 다르게 홈택스에 등록된 카드는 사용 내역을 세무대리인이 받아서 볼 수가 있다. 장점은 신고가 매우 간편해진다는 것이고, 단점은 우리가 사용하는 카드 내역을 과세관청이 다 알고 있다는 것이다. 그러므로 사업과 명백히 관련 없는 곳에서 사업자 카드를 사용하는 것은 불리하게 작용할 수 있다는 점을 명심해야 한다. 언제 어디서 얼마를 사용했는지 다 드러난다는 것을 기억하자.

개인 카드랑
사업자 카드랑
뭐가 달라요?

카드의 용도는 구분된다.

업무용으로만 한정해서 사용하는 사업자 카드

사업을 시작하면 가장 먼저 하는 일 중에 하나가 사업자 카드를 만드는 것이다. 카드는 카드인데 사업자 카드란 무엇일까? 말 그대로 사업을 위해 사용하는 비용을 관리하는 카드다. 이 사업자 카드로는 사업과 관련된 비용을 지출하는 데 사용하면 된다.

그렇다면 이 사업자 카드는 개인 카드와 어떻게 다를까? 개인 카드는 말 그대로 개인의 가사 경비를 쓰는 카드다. 이는 사업자 카드와 용도가 엄연히 다르다. 예를 들어 컴퓨터를 사는데 사무실에서 업무용으로 사용한다면 사업자 카드로 구매하는 것이 맞다. 집에서 가정용으로 사용할 것이라면 개인 카드로 구매하는 것이 맞다.

한마디로 사업자 카드라는 용어 자체가 신용카드인 것은 동일하되 그 용도를 사업에 한정해서 사용하라는 의미다. 카드 사용 자체를 처음부터 구분해서 해야 하는 것이다.

홈택스에 등록된 카드는 용도가 구분된다

사업자 카드를 만들면 이를 홈택스에 등록한다. 홈택스에 등록된 카드는 카드별로 구분이 된다. 만약 사업자 카드를 정상적으로 등록했다면 이는 용도가 사업자 카드가 된다. 그런데 개인 카드를 등록하면 어떻게 될까? 이는 사업자 카드가 아닌 기타 카드로 등록된다.

국세청은 이것을 왜 구분하는 것일까? 당연히 동일한 기능의 신용카드이지만 사업자 카드는 사업에 관련해서 사용했다고 가정하고 개인 카드는 가사에 사용했다고 가정한다. 이렇듯 카드 자체의 용도가 다른 것이므로 이를 구분해서 사용해야 하는 것이다.

과세관청 입장에서 카드의 사용 내역 하나 하나를 추적해서 무엇에 사용했는지 현실적으로 확인할 수는 없다. 그래서 사

업자 카드로 사용한 것은 사업용일 것이라고 믿는다. 그러므
로 이런 가정을 잘 생각해서 카드를 구분지어 사용해야 한다.

사업자 카드 등록 중에 주의할 것은 홈택스에 등록할 때 번
호를 잘못 치는 등 실수를 하면 안 된다는 것이다. 만일 이번
달에 홈택스에 사업자 카드를 등록하면 이것이 정상적으로
등록되었는지는 그다음 달에 확인이 가능하다. 그래서 바쁜
대표들이 다음 달에 이를 확인하지 않고 넘어가는 경우에는
실제 카드가 등록되지 않는 불상사도 발생할 수 있다.

27

스토어팜을 혼자 하려다가
친구와 동업하려고 합니다

저는 사업자등록이 되어 있고 친구는 사업자가 없습니다. 이럴 경우 세무
서에 각자 개인사업자로 등록한 후 공동사업으로 신청해야 하나요? 아니
면 공동계약서만 제출하면 되나요? 그리고 신청할 때 저 혼자 가서 해도
되나요? 아니면 친구만 가도 되나요?

 동업하실 분과 함께 세무서에 방문하시는 것이 가장
빠른 방법입니다.

제일 먼저 공동사업자 약정서를 작성하시고 두 분이 지분 비
율을 몇 프로로 하실지 정하십시오. 그러고 나서 신분증과 기
존 사업자등록증 원본을 가지고 세무서에 방문하세요. 사업자
등록 정정 신청을 하면 됩니다.

공동사업자는 지분 비율이 상당히 중요합니다. 소득세 신고
를 할 때도 사업자 매출이 이 지분 비율만큼 나뉘어서 각 대표
에게 배분되니까요.

📟 28

공동명의로 하게 되면
세금이 많이 나오게 되나요?

친구와 반반씩 투자해서 사업을 같이 하려는데 친구가 사업자 명의를 제 명의로 하자고 하네요. 이유는 본인 명의의 집과 차량 때문에 건강보험료 가 많이 부과되고 세금이 많이 나와서라고 합니다.

제가 알기론 공동명의를 하게 되면 종합소득세 신고 시 소득이 반반 나 눠지게 되어서 과세표준이 내려가 세율이 줄어들어 절세가 가능하고, 4대 보험 중에 국민연금과 건강보험 또한 나눠진 소득으로 부과되어서 적게 납부되는 걸로 알고 있습니다. 그래서 정말로 공동명의로 하는 것보다 제 명의로만 진행하는 것이 절세할 때 나은 건지 궁금합니다.

 두 분이 함께 사업을 하시는 것이 실질이라면 공동대 표로 사업자등록하고 진행하셔야 합니다.

공동대표로 하시게 되면 소득세 측면에서 부담하는 세금이 줄어들게 됩니다. 우리나라의 종합 소득세 세율은 누진세 구 조입니다. 즉 소득금액이 높아질수록 세금이 비례해서 올라가 지 않고 더 빠르게 증가하는 구조입니다. 이런 구조에서는 단 일 대표보다는 공동대표로 하는 경우 전체적인 소득세 부담은 줄어들게 됩니다.

왜냐면 전체 소득금액은 동일하더라도 둘로 나눌 경우에는 적용되는 세율이 낮아지는 효과가 있기 때문입니다.

공동사업자 등록에 필요한 서류

사업자등록 신청서, 임대차계약서 사본, 공동사업자 약정서(동업계약서),
동업자의 신분증

등록 방법

관할 세무서 방문

친구가
사업자등록증을
같이 쓰고 싶대요

대여는 절세 방법이 아니다.

동업이 아닌 사업자등록증 공유는 불법

상담을 하다 보면 사업자등록증을 별도로 내지 않고 지인의 사업자등록증을 가지고 당분간 사업을 하겠다는 경우를 보게 된다. 이런 경우 친분 관계 때문에 아무런 생각 없이 사업자등록증을 같이 쓰는 경우가 있다. 이는 상식적으로도 엄연히 불법이다. 자신의 사업자등록증이 아닌 타인의 사업자등록증으로 매출과 매입을 일으키는 것이다.

이렇게 타인의 사업자등록증을 사용하는 것은 명의대여에 해당한다. 내가 아닌 타인의 명의로 사업을 하는 것이다. 흔히들 말하는 바지 사장의 개념인 것이다. 이렇게 해서 수입이 발생하고 이익이 남으면 그에 대한 세금 부담은 사업자등록증상의 대표가 부담하게 된다.

모든 일은 문제가 터지기 전까지는 잘 진행되는 것처럼 보인다. 하지만 위와 같은 경우 소득세를 누가 내느냐 부가세를 누가 내느냐부터 시작해서 이익을 어떻게 나눌 것이냐 등 다양한 문제로 파생될 수 있다. 그러므로 사업자등록증을 빌려 쓰는 사람도 잘못이지만 사업자등록증을 빌려주는 사람도 문제가 크다.

특히나 명의대여를 하는 입장에서는 내 사업자등록증이 아니기 때문에 더 책임감을 느끼지 않고 불법적인 일들을 할 수가 있다. 그렇게 되면 그러한 행위들의 결과는 사업자등록증을 빌려준 사람에게 돌아가게 된다.

여럿이 하면 세금이 줄어드나요?

소득세를 줄이고자 하는 목적으로 공동 사업자를 하는 경우가 빈번하다. 공동 사업자로 시작하면 정해진 지분 비율만큼만 이익이 신고된다. 즉 총 1억 원의 순이익이 남았다면 지분 비율이 50대 50인 경우 5000만 원씩 각자 이익이 되는 것이다. 이렇게 되면 누진세율을 기본으로 하는 소득세에서는 상당한 세금 절감 효과가 있다.

이런 세금 절감 효과를 위해서 공동 사업자를 활용하는 경우가 많다. 하지만 이런 세금 효과보다 공동 사업자 사이의 분쟁이 일어나는 경우가 대부분이다. 사람은 누구나 상대방 입장보다는 자신의 입장에서 생각을 하게 된다. 그러므로 더 많이 손해 본다는 느낌을 항상 받게 된다. 그래서 공동사업자들은 대부분 서로 싸우면서 공동 사업을 마무리하는 경우들이 많다.

세금을 줄이기 위해서 실제 사업을 하지 않는 사람들의 명의를 빌려 공동 사업자로 올리는 경우도 있다. 이 또한 명의 대여의 변칙적인 형태라고 할 수 있겠다. 이런 형태는 결국에는 문제를 일으키게 된다.

그렇다면 정말로 실질이 공동 사업이며 사업에 참여한 파트너들이 다 함께 노력한다면 어떠할까? 이는 정말 이상적인 케이스이며 세금 측면에서도 상당히 유리하게 작용한다. 그게 본래의 공동 사업자의 취지라고 할 수 있겠다.

공동 사업자를 이용하여 사업장을 양도해도 될까?

공동 사업자를 통해서 사업자 자체를 넘기고자 하는 경우들이 있는데 이는 원칙적으로 허용되지 않는다. 증여와 연결되기 때문이다. 예를 들어 A라는 단독대표가 사업장을 하고 있다. 그런데 이를 B에게 넘기고자 하는데 이는 허용되지 않는다. 그래서 B를 공동 사업자로 넣게 된다. 여기까지는 합법적으로 가능하다. 이제 A, B가 공동 사업자가 된 것이다. 그런데 이후가 문제가 생긴다.

A, B 중에 A가 공동 사업자에서 탈퇴하겠다고 하는 것이다. 언뜻 보면 말이 되는 것 같다. 하지만 실질적으로는 공동 사업자를 통해서 A가 B에게 사업장을 넘기게 되는 모양새이다. 이는 허용되지 않는다. 물론 피치 못할 사정이 있어서 해줄 수도 있지만 원칙적으로는 불가하다.

이렇게 공동 사업자라는 제도를 세금을 절감하는 목적뿐만 아니라 사업장을 양도하는 용도로 활용하는데 이는 합법적이지 않다는 것을 알아두어야 한다.

3장

이제 법인사업자로
시작합니다
-법인사업자

+ 법인 vs. 개인 그것이 문제!
+ 법인세의 개념을 알자
+ 1인 법인도 가능하다
+ 법인 통장을 알아야 손해를 피한다

29

등록번호, 법인등록번호의 차이가 무엇인가요?

사업자등록증을 보면,

등록번호 : XXX-XX-XXXXX

법인등록번호 : XXXXXX-XXXXXX

이런 식으로 되어 있는데요.

또 타 업체에게 사업자등록번호를 알려줘야 하는 경우 등록번호를 알려줘야 하는지 법인등록번호를 알려주어야 하는지 궁금합니다.

법인의 사업장마다 사업자등록번호가 있습니다. 세금계산서를 주고받는 것은 이 사업자등록번호로 진행하는 것입니다. 법인등록번호는 법인등기 했을 때 발급되는 번호로 법인의 본점 지점 사업장이 여러 개여도 이 하나의 법인등록번호로 법인세 통합 신고가 됩니다.

일반적으로 세금계산서를 발급하거나 받는 경우에는 사업자등록번호로 진행하시면 됩니다.

세금계산서를 주고받기 위해서 정보를 알려줄 때는 사업자등록번호를 알려주면 됩니다. 법인 등록번호는 사람의 주민번호와 같은 것으로 법인 등기부등본상에서 구분하는 숫자입니다.

📱 30

법인사업자등록을 하려면
무엇부터 해야 하나요?

👤 개인사업자는 사업자등록이 바로 가능하지만 법인사업자는 세무서에서 사업자등록을 하기 전에 법인등기부등본부터 만들어야 합니다.

즉 세무사를 만나기 전에 법무사를 만나서 법인의 정관, 주주명부 등을 먼저 작성하고 등기부터 만들어야 합니다. 그 후에 관련 서류들을 가지고 세무서에서 법인사업자 등록을 진행할 수 있습니다.

> **💡 TIP**
>
> **법인사업자 등록에 필요한 서류**
> 법인설립신고 및 사업자 등록신청서, (법인명의)임대차계약서 사본, 주주 또는 출자자명세서, 사업허가 등록 신고필증 사본(해당법인), 자금출처명세서(해당법인)

법인이
무엇인가요?

법인사업자란 법적으로 만들어낸 사람이 사업을 하는 것.

먼저 법인등록번호를 만들어야 한다

법인과 개인은 세법에서 구분한 사업자의 개념이다. 법인사업자는 말 그대로 법적으로 사람을 만들어내고 그 사람이 사업을 한다는 개념이다. 예를 들어 혜안전자라는 법인을 만들었다고 할 때, 우리는 법인등기부등본이라는 것을 만들어야 한다. 세무서에 가서 사업자등록증을 신청하기 전에 법인등기부등본이 먼저 있어야 한다. 이러한 등기부등본은 세무사가 아닌 법무사를 통해 등기 작업을 한다. 이 등기를 통해 법인등록번호라는 새로운 번호가 만들어진다. 이는 우리가 태어나면 각 개인마다 부여받는 주민등록번호와 유사한 식별 번호라고 생각하면 된다. 그리고 법인등록번호를 이용하여 사업자등록증을 신청하면 세무서에서 사업자등록번호를 부여받게 된다. 사업자등록번호는 사업을 하는 개인사업자나 법인사업자 모두에게 공통으로 필요하다.

이런 법인등록번호는 새로운 사람이 태어난 것과 같은 의미이므로 그에 따른 의미가 크다. 예를 들어 혜안전자라는 법적으로 사람으로 보는 법인이 탄생했으므로 그 혜안전자는 그에 따른 의무가 발생하는 것이다.

법인은 죽는 것이 가능하다

그렇다면 법인이 등기를 통해 태어나는 것도 가능했는데 이와 유사하게 죽는 것도 가능할까? 법인도 마찬가지로 사라질 수 있다. 법인은 해산등기, 청산등기 과정을 거쳐 사라지게 된다. 자연인인 우리와 비슷하게 법인도 법적으로 살다가 사라질 수 있다. 이렇게 법인이 우리 개인들과 유사하게 다뤄진다는 개념을 먼저 머리에 새겨두어야 그 다음에 이어지는 개념들을 이해하기가 쉽다.

위와 같이 구분해서 먼저 마음속에 새겨두지 않으면 법인사업자와 개인사업자의 구분을 처음에 받아들이기가 상당히 혼란스럽다. 왜 개인사업자는 이렇게 하는데 법인사업자는 저렇게 하지라는 생각이 계속 떠오를 수 있다.

> **⊕ TIP**
>
> **법인의 폐업**
>
> 개인사업자일 경우 '폐업한다'고 하면 사업자등록증도 함께 말소되지만, 법인사업자의 경우 폐업 절차를 밟고 법인등기부등본도 말소하는 과정을 거쳐야 비로소 완전한 폐업이라고 할 수 있다.

법인세를 내는 당사자는 누구인가?

많은 이들이 법인의 개념과 그 의무에 대해 많이 혼란 스러워한다. 기본적으로 법인세 납부가 그렇다. 법인세 는 그 회사의 최고경영자인 대표이사가 내는 것이 아니 다. 회사라는 '사람'이 내는 것이다. 법인세를 내야 하는 의무자는 원칙적으로 생물학적인 사람이 아니라 법적인 사람인 회사라는 말이다. 예를 들어 혜안전자의 법인세 가 1000만 원이라면 그 법인세를 납부해야 하는 최초의 의무는 혜안전자 스스로에게 있다. 혜안전자의 모든 경 영을 총괄하고 실제 경영을 진두지휘하고 있는 대표이 사가 내는 것이 아니다.

다만, 법인의 주주 중에 지분을 50% 초과해서 가지고 있는 주주는 법인이 체납했을 때 책임을 지게 된다. 그래 서 법인 주주가 소유한 지분이 50%를 넘는지 여부가 중 요하게 된다.

📱 31

개인사업과 법인사업의 장단점을 알려주세요

식품대리점을 운영하는 개인사업자입니다. 매출액은 10억 원 이상인데요. 주변 지인들이 법인 전환을 하라고 하여 고려 중입니다. 그런데 저는 개인과 법인의 차이점이 뭔지 잘 모르겠습니다.

법인과 개인사업자는 여러 가지 면에서 차이가 있습니다. 단순히 법인이 좋다고 말할 수는 없습니다만 매출 규모가 커짐에 따라서 법인의 장단점을 검토해보셔야 합니다. 몇 가지 사항을 말씀드리겠습니다.

1. 세율

세율 측면에서는 이익이 커질수록 법인의 세율이 더 유리합니다. 예를 들어 당기순이익이 1억 9000만 원이라면 법인은 10% 세율 구간인데 반해서 개인은 38% 세율 구간에 해당합니다.

2. 이중과세

법인은 법인세 외에도 대표이사가 급여, 상여, 배당 등을 받아서 소득세를 한 번 더 납부하게 됩니다. 개인사업자는 법인세 없이 소득세만 납부하게 됩니다. 법인은 두 번의 세금 납부로 인해 경우에 따라서 개인보다 세금이 많아질 수도 있고 적어질 수도 있습니다. 실제 계산은 사업자마다 달라집니다.

3. 투자

법인은 주식을 보유하므로 투자 시에 주식을 주고 자본 유치가 가능합니다. 개인은 거래가 가능한 주식이 없습니다.

4. 제2차 납세의무

법인의 과점주주가 아니라면 법인 체납에 대해 주주들이 책임을 지지 않습니다. 반면에 개인 사업자는 체납에 대해 직접적인 책임을 지게 됩니다.

5. 가지급금

법인은 증빙이 없는 경우 지출에 대해 가지급금으로 처리되며 이는 대표이사의 책임으로 돌아오게 됩니다. 이에 반해서 개인사업자는 가지급금이라는 단어 자체가 없습니다. 이외에도 여러 가지 장단점이 있고 개인과 법인 각각에게 유불리가 존재합니다.

🧮 32

연 매출 1~2억 원일 때
개인사업이 좋은가요,
주식회사가 좋은가요?

용역 및 컨설팅 사업을 하려고 합니다. 이때 개인사업체로 하는 것이 좋은
지 아니면 주식회사로 하는 것이 좋을지 고민입니다.

 개인사업자와 법인사업자의 비교 장단점은 여러 가지
입니다.

간단히 말씀드리면 법인세율은 소득세율보다 대체로 낮습니
다. 하지만 법인사업자는 법인세 외에 근로자로서 소득세도 납
부합니다. 법인은 설립 절차가 상대적으로 복잡하며 의사 결정
시에 이사회, 주주총회 등이 필요합니다. 법인은 가지급의 문제
가 발생하며 제2차 납세의무에서는 유리한 면이 있습니다. 실제
무엇이 유리하다고는 말할 수 없으며 업체의 상황마다 다 다르
다고 생각하시면 됩니다.

법인으로 시작해야 하는 뚜렷한 이유가 없다면 처음에는 개
인사업자로 사업을 시작하고 이후에 법인 전환을 하는 것도 가
능합니다.

특히나 연매출이 1억~2억 원이라면 개인사업자가 더 운영이
편할 수 있습니다.

개인사업자가 좋아요,
법인사업자가 좋아요?

지출 형태와 세율을 따져서 선택하는 것이 좋다.

수많은 기준이 따르는 사업자 선택

창업하는 분 중에 아직 사업자등록을 내지 않은 경우, 사전 정보 없이 개인사업자가 좋은지 법인사업자가 좋은지 물어본다. 이는 누구나 사업을 시작할 때, 최소한 한 번은 고민해보는 주제다. 그런데 과연 이 질문에 정답이 있을까? 개인사업자와 법인사업자는 어느 한 가지 기준으로 좋다 나쁘다고 나눌 수가 없다. 그래서 사실 이 질문에 대한 정답은 케이스 바이 케이스이다. 업체마다 주어진 상황에 따라 개인사업자가 나을 수도 있고 법인사업자가 나을 수도 있다.

개인사업자 vs. 법인사업자를 선택하는 기준

개인사업자와 법인사업자는 그 비교에 대해서 책 한 권을 가볍게 쓸 수 있을 만큼 많은 차이점이 있다. 정말 간략하게 그 두 가지를 비교한다면 다음과 같이 말할 수 있다. 처음 창업을 하는 입장에서 법인사업자와 개인사업자 사이의 장단점에 대한 배경 지식이 없다고 가정하고 얘기하면 이러하다.

1. 투자 유치가 확실할 경우

법인사업자가 유리하다 말할 수 있다. 예를 들어서 나의 사업 아이템이 굉장히 우수하고 이를 높게 평가하는 투자자가 있어서 조만간 대규모의 투자를 유치할 게 거의 확실하거나 가능성이 상당한 경우다. 그런 경우에는 투자자에게 주식 지분을 주어야 하는데 법인사업자는 주식이 있지만 개인사업자는 주식이라는 것이 없기 때문이다.

2. 대규모 자금이 필요한 경우

또한 내가 하려는 사업이 대규모 자금이 필요한 경우다. 시설 장치나 공장이 필요해서 대규모의 자금이 필요한 경우에는 외부 자금을 유치해야 하거나 금융기관의 대출을 대규모로 받아야 하는 경우들이 있다. 이런 경우 개인사업자에 비해서 법인사업자의 경우가 대출에 더 유리하다. 법인사업자의 재무제표가 더 신뢰성이 높기도 하고 투명성이 있기 때문이다.

하나 더 추가하자면 사업을 할 때 특정 기관에 과제를 신청하거나 특정 자격 요건을 갖춰야 하는 경우가 있는데 그 자격이 법인에게만 허용되는 경우들이 있다. 이렇게 명확한 목적이 있을 때는 법인사업자로 시작할 것을 권한다.

3. 소규모 매출이 예상될 경우

이 경우 처음부터 무리해서 법인사업자를 시작할 필요는 없다. 왜냐면 법인사업자는 회계처리부터 엄격하고 투명하기 때문에 사업의 경험이 없는 대표의 경우 처음부터 적응 자체가 어려울 수 있기 때문이다.

4. 보다 자유로운 세무처리를 원할 때

회계 처리의 융통성이라는 측면에서는 법인사업자보다 개인사업자가 더 유리하다. 쉽게 말해서 지켜야 할 항목들이 상대적으로 적어서 더 자유롭다고 말씀드릴 수 있다. 그런데 개인사업자의 경우에는 성실사업자에 대해서도 한번 생각해보아야 한다. 개인 사업자 중에 매출액이 일정 금액 이상인 경우에는 성실사업자로 별도로 관리한다. 그리고 이러한 성실사업자는 법인사업자보다 더 엄격히 관리되는 것이 현실이다. 수입금액이 서비스업 기준으로 연 5억 원 이상이라면 성실사업자에 해당된다. 그러므로 이러한 수입금액도 예상하면서 개인사업자를 시작할지 법인사업자를 시작할지 고민해봐야 한다.

💡 **TIP**

개인사업자와 법인사업자는 세 부담 측면에서도 많이 다르므로 모든 것을 종합적으로 세무사와 상담하여 결정하는 것이 좋다. 다만 정리하자면 대규모 투자, 대출 등 특정한 목적이 없고 최소한 몇 년 이내에 매출이 급성장할 것 같지 않고 처음 창업이므로 엄격한 관리가 어렵다면 개인사업자로 시작하는 것도 방법이 될 수 있다는 것이다. 그런데 요즘은 법인사업자로 시작하는 경우도 많아서 이는 각 업체마다 장단점을 파악하고 그에 따라 결정해야 하며 세법적인 상담은 세무사와 충분한 시간을 갖고 진행할 것을 권장한다.

📠 33

법인사업자 소득세와
개인사업자 소득세는
납부 기간이 다른가요?

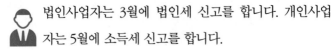 법인사업자는 3월에 법인세 신고를 합니다. 개인사업자는 5월에 소득세 신고를 합니다.

개인사업자 중에 매출이 큰 사업자는 성실사업자로 분류됩니다. 성실사업자는 5월이 아닌 6월에 소득세 신고를 합니다.

📠 34

개인사업자에서
1인 법인으로
전환하려고 하는데요

개인사업자로 '업태 : 건설업, 종목:일반건축(하도급)'을 가지고 사업을 하고 있습니다. 만일 제가 1인 법인으로 변경할 경우 개인사업자 세금 정리는 어떻게 하면 되나요? 법인전환하면 바로 법인으로 적용을 받나요?

....

법인전환을 하는 경우 개인사업자를 폐업하게 됩니다. 개인사업자 폐업일까지에 대해서는 개인의 소득세로 신고하게 됩니다. 법인 설립 이후는 법인세로 별도로 신고합니다.

그렇기 때문에 법인 전환한 해에는 해당 해에 대한 소득세 신고와 법인세 신고를 모두 해야 합니다.

법인 전환 과정에서 개인사업자와 법인사업자와 일정 기간 서로 공존하는 것도 가능합니다.

법인사업자가 내야 할 기본 세무 항목

법인사업자는 법인세, 부가가치세, 원천세 등을 신고하는데 이 중에 사실 가장 중요한 세목은 법인세라고 할 수 있다. 쉽게 말해 그 법인사업자의 1년 동안의 모든 재무 관련 사항들이 정리되고 그에 따른 세금도 계산되어서 세무서에 최종적으로 신고하게 되는 것이다.

이러한 법인세는 신고하는 세목 중에 살펴봐야 할 항목도 많고 그 정리도 상대적으로 매우 엄격하다. 그래서 법인세를 신고할 때는 생각보다 많은 시간이 투여되며 해마다 바뀌는 세법이 제대로 적용되었는지 많은 시간을 할애해서 검토하게 된다.

법인세 신고는
언제 하나요?

3월을 기억하자.

기본적으로 신고하는 내역

법인세 신고는 일반적인 법인사업자의 경우에 매년 3월에 하게 된다. 법인사업자마다 사업연도가 다른데 대부분의 법인 사업자는 매년 12월 말이 기준이어서 다음 해 3월에 그 전 년도에 대한 법인세 신고를 진행하게 된다.

법인세 신고를 할 때는 가장 기본적으로 부가가치세 신고와 원천세 신고한 내역을 반영하고 그 외에 수입, 비용 항목들을 모두 정리해서 반영한다. 표현하자면 부가가치세, 원천세 등이 일부 항목에 대한 세금 신고라면 법인세는 이를 모두 포함하여 전체에 대한 세금 신고를 한다고 할 수 있다.

부가가치세는 매출과 매입에 따라 추가된 부가세를 내는 개념이고 원천세는 인건비 등을 지급할 때 일부를 원천징수해서 내는 개념이다. 원칙적으로는 원천세와 부가가치세는 법인의 돈을 부담해서 세금을 내는 것이 아니다. 거래 상대방이나 근로자가 부담하는 세금을 대신 세무서에 전달하는 개념이다.

하지만 법인세는 법인사업자가 스스로 번 순이익에 대해서 실제로 부담하는 세금이라고 할 수 있다. 그래서 법인세가 법인사업자에게는 가장 중요한 세금이 되며 1년 동안의 모든 수입과 지출을 정리할 수 있는 신고 항목이 된다.

내야 할 세금이 더 있다? 8월 중간 예납!

그렇다면 법인세는 3월에 법인세 신고를 하면 그걸로 끝이 될까? 사실은 법인은 중간 예납이라는 제도가 있어서 8월에 법인세 중간예납 신고 납부를 하게 되어 있다. 즉 1월부터 6월까지의 수입, 지출에 대해서 정리해서 8월까지 중간 결산을 하게 되는 것이다. 원칙은 그 전년도에 납부했던 법인세를 기준으로 계산해서 약 절반 가량을 8월에 납부하게 된다. 예외적으로는 몇 가지 조건에 충족되면 1월부터 6월까지의 수입과 지출을 정리해서 상반기만 결산하여 그에 따라 중간 예납을 진행하게 된다.

이렇게 상반기에 대해서 8월에 신고하는 것을 중간 예납이라고 하고 1년 전체에 대해서 다음 해 3월에 신고하는 것을 법인세 정기 신고라고 한다. 쉽게 말해서 법인세는 1년에 2번 신고, 납부하는 것이다. 간혹 이러한 법인세 신고 기간을 잊고 관련 자료를 미리 챙겨두지 않거나 사업상 출장을 떠나는 경우가 있다. 사업을 할 때는 이러한 중요 신고 기간 일정을 미리 염두에 두는 것 또한 중요하다.

35

1인 법인 설립 후 감사직 없이 법인이 지속될 수 있나요?

액세서리 디자이너로 1인 법인을 설립할 예정입니다. 1인 법인 설립 후 감사는 감사직을 사임을 할 수 있다고 들었습니다. 그러면 대표이사 한 명만으로 법인이 지속될 수 있나요?

무실적으로 운영되는 1인 법인이 매월, 매분기, 매년 기관에 신고해야 하는 것은 무엇이 있나요? 자본금 100만 원인 1인 법인이고 당분간은 매출이 없어 무실적으로 신고할 것 같은데, 이때에도 제 급여는 지급할 예정입니다. 매출이 없어도 급여 지급이 가능한지요? 제 급여는 어떻게 지급하고 처리해야 하는지 궁금합니다.

상법상 자본금 조건 등에 따라서 감사를 두지 않을 수도 있습니다. 이는 법인 등기를 할 때 법무사와 상의하면 됩니다.

다만, 법인이 무실적이라도 세금 신고는 계속 하셔야 합니다. 분기별 세금 신고로는 부가세 신고, 매월 원천세 신고, 3월 법인세 정기신고, 8월 법인세 중간결산, 4대 보험 성립 및 취득 신고 등이 있습니다. 그리고 매출이 없어도 급여 책정한 후에는 급여를 지급해도 됩니다.

그런데 매출이 없고 자본금마저 사용한 경우에는 급여 신고를 하더라도 지급은 어렵습니다. 이런 경우에는 추후에 법인에 여유 자금이 생길 경우 기존에 지급받지 못했던 금액들을 받을 수 있습니다.

36

법인을 설립하고
개인적으로 자금을
사용할 수 있나요?

1인 법인을 설립하고 자본금을 1000만 원 넣었습니다. 하지만 개인적으로 돈을 사용할 일이 생겨 자본금 일부(500만 원)을 빼고 싶습니다. 혹시 자본금을 뺄 때 세금이 발생하나요?

자본금은 법인의 사업을 위해서 사용되어야 합니다. 법인 사업과 무관하게 대표님께서 출금하시면 가지급금이 됩니다.

결국에 이러한 가지급금은 다시 법인 통장으로 넣으셔야 됩니다. 이렇게 가지급금 원금을 다시 법인 통장에 넣을 때 이자도 계산해서 함께 넣어야 합니다. 법인의 자금을 빌려간 것으로 보기 때문에 다시 돌려줄 때 이자도 함께 넣어야 하는 것입니다. 이자율이 연 4.6%로 결코 낮지 않습니다.

대표가 근로자로서 급여 및 상여로 받아가는 것은 가능합니다.

1인 법인 급여처리 방법

4대 보험 성립신고와 취득신고를 진행하고 나서 급여대장을 작성한 후에 차인지급액(월급에서 세금과 기타 준조세, 기타 회사 내부 규정에 의해 떼는 돈들을 뺀 실제 받는 돈)만큼만 개인 통장으로 이체하면 된다. 일시적으로 법인에 자금이 없어서 지급하지 못한 경우에는 후에 법인에 자금 여력이 생겼을 경우 미지급 금액만큼 받을 수 있다.

혼자서는
법인 설립 안 되죠?

가능하다.

1인 법인 만들기

법인 등기 시에는 임원 등록이 필요하나 그들이 실제 근로자로 일해야 하는 것은 아니므로 대표이사 혼자서 법인의 근로자로서 일을 할 수 있다.

사업이라는 것은 그 앞을 내다보기가 상당히 어렵다. 처음에 창업 시에는 누가 봐도 좋은 아이템이었으나 이게 오래 가지 않고 사업을 정리하는 경우도 있다. 반대로 다른 사람들이 크게 관심 갖지 않는 사업 아이템임에도 불구하고 1년 이내에 수십 억 원의 매출을 달성하는 경우도 있다. 그러므로 사업 초기에는 모든 것이 불확실하고 그 앞을 예측하기가 힘들다.

처음부터 너무 무리한 투자를 해서 인건비 등으로 많은 비용을 지출하는 것보다는 더 신중하게 시작할 수도 있다. 요즘은 이러한 것들이 복합적으로 작용해서 1인 법인이 상당히 많아지는 추세이다.

1인 법인의 초기 구조는 어떻게 해야 할까?

1인 법인을 설립한 후에는 거의 모든 일을 근로자이자 대표이사이자 주주인 대표 혼자서 처리하게 된다. 기획, 영업, 판매, 개발 등 모든 분야를 혼자서 진행해야 될 수도 있다. 하지만 이는 후에 대표이사 본인에게도 큰 밑거름이 될 수 있으며 업무 전반에 대해서 잘 알 수 있게 되는 계기가 될 수 있다.

다만 사업이 확장되고 규모가 커지는 단계라면 혼자서 다 하려는 것은 버리고 분야별로 담당자를 두는 것이 필요하다. 1인 법인 초기의 업무 스타일에 매몰되어서 모든 일을 대표이사 혼자서 맡아서 하려고 계속 하다 보면 일이 매끄럽게 진행되지 않는 경우가 많다. 결과적으로 요즘 추세를 반영한 1인 법인은 얼마든지 가능하나 초기에 적합한 형태이며 사업이 확장됨에 따라서는 본격적인 회사 구조를 갖추어 나가야 한다는 것을 강조하고자 한다.

💡 TIP

법인에서 대표이사의 급여는 어떻게 정할까?

1인 법인 설립 시에 한 가지 더 고민해야 할 사항이 있다. 1인 법인의 대표이사에 대한 급여 설정이다. 보통의 경우 대표이사는 당장에 매출이 발생하지 않았으므로 법인의 돈이 없으니 급여를 받아가지 않는다고 한다. 4대 보험의 경우 대표이사 무보수 신청이라는 것이 있어서 실제로 대표이사가 급여를 가져가지 않아도 상관은 없다.

하지만 아무리 1인 법인이라고 해도 대표이사가 초기에 급여를 설정해서 이를 가져가는 것이 좋다고 본다. 사업이라는 것은 언제 매출이 급성장할지 모르고 비용은 항상 사업자에게 필요한 항목이다. 그러므로 처음부터 급여를 설정하고 법인의 돈이 당장 없다면 이를 미지급금으로 설정하여 당장은 현금을 가져가지 않더라도 언젠가 법인이 돈이 생겼을 때 그동안 가져가지 못한 급여를 가져가는 형태로 만들 수가 있다.

1인 법인의 주주 지분은 어떻게 할까?

우리 세법에는 제2차 납세의무라는 제도가 있다. 최대 주주가 50%를 초과하는 지분을 가지고 있다면 법인이 법인세, 부가세 등을 체납할 때 최대주주가 이에 대해 책임을 져야 한다. 만일 50% 이하라면 그러한 제2차 납세 의무가 발생하지 않는다.

여기서도 고려할 것은 특수 관계자이다. 특수 관계자들의 지분을 모두 합해 50% 이하인지 여부를 따져봐야 하는 것이다. 이러한 주주는 여러 명을 두어도 상관이 없기 때문에 1인 법인이라고 해서 대표 혼자서 모든 지분을 소유할 필요는 없다.

요즘의 창업 추세를 보면 1인 법인도 계획을 잘 짜면 충분히 경쟁력 있는 창업의 형태가 될 수 있다. 사업 확장이나 축소 결정이 용이하고, 또한 일이 많지 않은 사업 초기 특성상 여러 명의 근로자를 불필요하게 채용할 필요도 없으며, 사무실 임차료 등을 무리하게 지불할 필요도 없게 된다. 각자의 창업 아이템과 사업 방향성을 고려하여 여러 가지 대안 중에 하나로 생각해볼 수 있다.

📟 37

일반가정집에도
법인을 설립할 수가 있나요?

통신 쪽으로 법인사업자를 개설하려고 합니다. 그리고 요즘 대포 통장 때문에 은행에서 법인 통장을 만드는데 거래실적을 증빙해달라고 하더군요. 신규법인인데 거래증빙을 무엇으로 보여줘야 하죠? 법인 통장을 만들어야 거래를 법인 통장으로 하고 증빙을 할 텐데 말에 모순이 있는 것 같아 방법을 모르겠습니다.

법인사업자도 집 주소지를 사업장주소지로 해서 사업자등록을 할 수 있습니다. 제조업이나 학원처럼 특정시설이 필요한 경우에는 집 주소지에서 사업자 등록이 통상 불허됩니다. 이런 경우 외에는 사회 통념상 가능한 업종이라면 사업자등록을 내주고 있는 것이 현실입니다. 또한 도매업의 경우에는 물건을 보관할 창고가 별도로 있는지 여부를 확인하기도 합니다.

법인 통장을 개설하기 전에 세금계산서 발행 건이나 계약서를 요구하는 사례들이 있습니다. 이건 마치 닭이 먼저냐 달걀이 먼저냐의 논쟁이 될 수도 있는데요. 해당 은행에 계약서나 거래명세서 등으로 대체하겠다고 말씀해보십시오. 대포 통장이 아니라는 확신을 주는 것이 필요합니다. 그런 불법적인 거래들 때문에 창업자분들이 애꿎은 피해를 보는 셈입니다.

📟 38

세금에서 자유롭게 자본금을 쓸 수 있는 방법은 없나요?

자본금이 15억 원 이상이고(업종 요건), 외부주주는 따로 없습니다. 지인끼리 임원 구성해서 세우고 운영할 계획인데, 초반에 주금납입을 위해 법인 통장에 자본금 15억 원을 넣을 예정입니다. 그런데 해당 돈을 따로 운영하려다 보니 법인 통장에 있는 돈을 쓰게 되면 결국 세무 처리를 해야 되는 상황이 생기는 것 같아서요.

해당 자금은 어디 투자하는 것도 아니고 계속 유지되는 돈인데 자금의 유동성을 위해 따로 필요한 돈입니다. 다른 위험성은 전혀 없고 임원들 모두 동의한 상황입니다.

법인의 자본금은 법인의 소유가 됩니다. 법인은 임직원과는 별개의 인격체입니다. 임원들이 모두 동의하였다고 해서 법인 통장의 자본금을 임의로 출금하여 사용할 수 없습니다. 세금계산서, 계산서 등 법인 사업과 관련된 적격증빙이 있는 경우에만 사용이 가능합니다.

그 외에 가지급금으로 사용하는 경우에는 이자를 합산하여 입금하여야 합니다. 결과적으로 세금계산서, 사업자용 현금영수증, 법인카드 영수증 등 적격증빙이 있다면 법인의 자금을 사용하는 것은 문제가 되지 않습니다.

그게 아니고 일시적으로 사용했다가 다시 입금하시는 경우라면 이자를 계산해서 함께 입금하셔야 되는 번거로움이 있습니다. 특히나 연말까지 이를 입금하지 않으시는 경우에는 재무제표에 가지급금으로 남아서 재무제표상 회사에 좋지 않은 이미지가 남습니다.

💡 TIP

인출한 돈을 다시 입금하면 괜찮죠?

법인의 대표이사가 법인 통장에서 인출한 금액을 몇 개월 후에 다시 입금하면 문제가 없지 않냐고 묻는 경우가 많다. 그렇게 간단하게 된다면 얼마나 쉬울까?

법인의 대표이사가 법인통장에서 1억 원의 돈을 인출해서 6개월 동안 개인적으로 사용하고 다시 법인 통장에 입금할 때는 그 원금만 넣는 것이 아니다. 4.6%만큼의 이자를 붙여서 넣어야 한다. 1억 원을 6개월 동안 사용하면 이자만 해도 230만 원이 된다.

무슨 이자를 넣느냐고 펄쩍 뛰시는 경우가 많다. 이는 어찌 보면 당연한 것이다. 법인은 대표이사와 별개의 존재다. 다른 사람의 돈을 사용했으면 당연히 이자를 붙여서 돌려줘야 하는 것이 상식인 것이다. 법인을 대표이사 본인과 동일시하는 잘못을 범하는 경우에 왜 이자를 넣어야 하느냐고 반문하게 된다. 이러한 이자 4.6%는 2016년 중에 개정된 규정으로 그 이전에는 무려 6.9%에 달했다. 이자율로 보면 매우 높은 이자율임을 알 수 있다. 차라리 아파트 담보대출을 받아서 돈을 쓰는 게 나을 수 있다. 이러한 고금리의 이자를 법인에게 물고 돈을 써야 한다면 말이다.

법인 통장의 돈은
자유롭게 쓸 수 있나요?

법인 통장의 돈은 철저히 지출과 입금 항목이 같아야 한다.

법인 통장은 자동으로 국세청에 등록된다

사업을 시작할 때 개인사업자는 사업자 통장을 만들게 되며 법인사업자는 법인 통장을 만들게 된다. 사업과 관련된 돈의 입금과 출금은 이러한 통장을 통해 관리하게 된다. 특히 법인의 경우 법인 통장은 직접 국세청에 신고하지 않아도 법인 통장을 개설하게 되면 자동으로 국세청에 등록된다. 이는 개인사업자와 차이점인데 개인사업자의 경우에는 개설한 사업자 통장을 홈택스에서 스스로 계좌 등록해야 하지만 법인사업자의 경우에는 스스로 등록하지 않아도 은행을 통해 자동으로 등록된다.

언뜻 생각하면 법인사업자의 법인 통장을 만드는 경우 상당히 친절하게 알아서 등록해주는구나 생각할 수 있지만 그만큼 내가 직접 하지 않아도 법인의 정보가 많이 공유된다고 생각하면 될 것이다.

법인 통장에서 마음대로 인출해도 될까?

법인 통장에 오늘 현재 잔액이 1000만 원이 있다고 가정하자. 거래처에서 물건을 사오기 위해 500만 원을 이체해야 한다. 이러한 경우에 법인 통장에서 아무리 법인의 자산이지만 대표이사나 직원이 돈을 이체할 수 있을까? 당연히 이체할 수 있다. 사업을 위해서 사용하는 비용이기 때문이다. 대원칙은 너무나도 간단하다. 사업을 위해서 사용하는 비용은 법인 통장에서 지출이 가능한 것이다.

그렇다면 이러한 경우는 어떨까? 법인의 대표이사이자 모든 주식을 소유하고 있는 대표이사가 개인적으로 급전이 필요해서 법인 통장의 돈 500만 원을 인출해서 사용하는 경우이다. 이 대표이사는 경영도 하고 있으면서 법인의 모든 주식도 소유하고 있는 경우다. 이러한 대표이사는 법인 통장의 돈을 자유롭게 출금할 수 있을까?

이미 예상하듯이 그렇지 않다. 앞에서 말한 대원칙에 어긋나기 때문이다. 사업을 위해서 필요에 따라 지출하는 비용이 아니기 때문이다. 아무리 막대한 영향력을 행사하는 임원이라도 본인의 개인적인 필요에 따라서 법인의 돈을 사용할 수는 없는 것이다.

이렇게 법인 통장에서 나가는 돈을 세법에서는 가지급금이라고 부른다. 이러한 가지급금은 법인사업자들이 사업을 하면서 매우 빈번하게 듣게 되며 또한 그 해결에 매우 어려움을 느낀다. 다시 말해 현실에서는 이러한 가지급금 문제가 자주 발생한다.

증빙 없이 지출하면 가지급금 문제가 발생한다

사업을 하다 보면 여러 가지 다양한 상황이 발생하고 본의 아니게 이러한 가지급금이 발생하게 된다. 가지급금이 발생하는 경우는 다양한데 대표적으로 대표이사가 개인적인 필요에 따라 소위 말하는 금전을 가져가는 경우다. 이 외에도 빈번한 경우가 적격증빙을 챙기지 않고 돈을 가져가는 경우이다.

물건을 샀다면 그에 따라 세금계산서, 현금영수증 등의 세법상 적격증빙을 받아야 한다. 그런데 이러한 증빙을 받지 않고 일부 싸게 해준다는 말에 현혹되어 돈을 그대로 지출하는 경우가 있다. 이러한 경우에는 어떠한 법적인 증빙도 없게 된다. 이렇게 무단으로 돈을 지출하는 경우에는 가지급금으로 본다.

대표적인 사례가 상대방이 물건 값을 매우 싸게 할인해준다면서 증빙 없이 현금 거래하자고 하는 경우다. 그런데 이런 경우들을 가만히 들어보고 실제 세금까지 고려해서 계산해보면 유리한 경우가 거의 없다. 도대체 뭐가 유리하다는 것인지 구분이 안 된다. 많은 경우 이렇게 현혹되어 가지급급 문제를 발생시킨 후에 담당 세무사에게 이를 무턱대고 해결해달라고 하면 정말 난감하게 된다. 이미 원칙이 무엇인지 알고, 법적으로 어떤 제재가 있는지 아는 상황에서 잘못된 셈법으로 잘못된 의사결정을 하고 나서 다시 문제없게 해달라는 것은 앞뒤가 전혀 맞지 않는 요구다.

이런 예제를 들면 전혀 그런 일이 없을 것 같고 과장된 표현이라고 생각할 수도 있으나 현실에서는 이러한 가지급금 문제가 정말로 다양하게 일어난다.

법인으로 전환하고도
기존 거래처는 개인사업자 통장으로
거래하고 싶습니다

개인사업자로 운영하다가 매출액이 크게 늘어서 이번 8월부로 법인사업자를 설립했습니다. 개인사업자는 8월 30일부로 폐업 신고할 예정입니다.

일단 8월부로 세금계산서, 거래명세서 등은 법인 명의로 하고 있지만 7월분 매출수익은 개인사업자 통장으로 받았습니다. 개인사업자 통장은 해지하지 않을 거라 앞으로도 기존 거래처는 개인사업자 통장으로 받으려고 하는데 9월부터도 개인사업자 통장으로 입출금해도 되나요?

법인 매출을 폐업한 개인사업자 통장으로 받으시면 안됩니다. 법인은 매출과 매입에 대해 법인 통장에 입출금이 정확히 맞아야 합니다. 이를 개인 통장으로 받아서 개인적으로 사용하신다면 가지급금 문제가 발생합니다.

통상 개인사업자를 운영하다가 법인사업자로 전환할 때 입출금 내역에 소홀해지는 경우가 있는데 이는 큰 불이익으로 돌아오니 꼼꼼히 챙기시기 바랍니다.

📠 40

계산서는 회사로 받고
요금은 대표 개인 통장에서
빠져나가는데 괜찮나요?

저희는 법인입니다. 정수기 렌탈비 계산서는 회사로 받는데 요금은 대표자 개인 통장에서 빠져 나갑니다. 그래서 매달 요금 납부일에 법인 통장에서 대표자 개인 통장으로 렌탈비를 이체하고 있습니다. 이렇게 해도 문제가 안되나요?

 해당 정수기가 법인 사업용으로 사용하는 것이라면 회계 처리에 주의하시면 되겠습니다.

용도가 회사용이고 금액이 동일하게 거쳐가는 것이라면 회계 처리가 가능합니다. 앞으로는 법인 통장에서 직접 출금되도록 변경하시기 바랍니다.

> **💡 TIP**
>
> **가지급금을 다시 입금할 때는 4.6%만큼 이자를 붙인다**
>
> 가지급금을 법인 통장에 입금할 때는 이자를 함께 넣어야 한다. 그런데 가지급금을 하루를 쓴 경우도 있고 한 달을 쓴 경우도 있고 다양하다. 이럴 때는 일할로 계산하면 된다. 즉 1년 기준으로 4.6% 이자를 계산한 후에 일수만큼을 함께 입금하면 된다. 1년 동안이라면 원금의 4.6%가 될 테지만 하루라면 1일치만 해당되기 때문이다.

그냥 제 개인 통장
돈을 썼는데요

10원 단위까지 통장 잔액을 잘 맞추어야 한다.

자본금의 의미를 기억하자

자본금이라는 것은 개인사업자에게는 사실상 큰 의미가 없다. 그런데 법인에게는 중요한 개념이 된다. 자본금은 법인의 씨앗이 되는 돈이다. 그런데 이러한 자본금의 개념 없이 자기 돈을 대신 쓰는 것은 세법상 맞지 않는다.

가장 자주 접하는 케이스는 이러하다. 최초에 법인을 세울 때는 당연히 법인 통장이 없다. 그래서 개인 통장에 있는 잔액을 자본금으로 증명하여 법인을 설립한다. 이 경우에 당장의 자본금은 개인 통장에 있게 된다. 법인을 설립하고 나서는 법인 통장에 그 자본금을 이체해야 한다. 그런데 간혹 대표 중에 이 돈을 법인 통장으로 이체하지 않는 경우가 있다. 그렇게 되면 법인 통장에 있어야 할 자본금이 처음부터 맞지 않게 된다. 이를 가지급금이라 한다. 법인 통장에 있어야 할 돈이 이유 없이 출금된 것이다. 그러므로 법인의 경우에는 자본금 개념을 명확히 하여 반드시 잔액을 관리해야 한다.

법인 통장과 개인 통장은 다르다

법인 통장은 개인 통장과 명확히 구분되어야 한다. 그런데 법인 통장을 개인 통장과 혼용해서 사용하는 경우가 있다. 이렇게 되면 법인 통장의 잔액이 맞지 않게 되고 그 차액은 후에 가지급금이나 가수금으로 남아서 회사의 재무제표에 좋지 않은 지표로 남게 된다.

특히나 법인의 통장에서 출금해서 사용해야 하는데 이를 지키지 않고 개인 통장에서 직접 출금해서 사용하는 사례들이 있다. 이렇게 되면 추후에 어디서 어떤 돈이 나가서 쓰였는지 정리할 수가 없게 된다. 그러므로 많은 실수를 유발할 수 있고 이를 바탕으로 작성된 재무제표는 그 신뢰도가 떨어진다고 할 수 있다.

개인 사업자의 경우는 개인 통장을 쓰면서 조금 소홀해질 수도 있지만 법인의 경우에는 반드시 그 통장 잔액이 맞아야 하므로 이를 소홀히 하여 불이익이 발생해서는 안 되겠다.

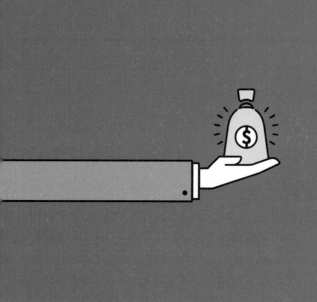

4장

창업자가 절세를 위해
알아두어야 할 세금

+ 부가가치세
+ 4대 보험
+ 원천징수세

📟 41

현금이나 계좌이체 받았을 때 부가세 신고는 어떻게 하나요?

퀵서비스를 창업하여 운영 중인 개인 사업가입니다. 퀵서비스 운송료
는 보통 부가세 별도로 안내합니다. 필요 시에 따라 세금계산서, 현금영
수증을 발급하는데 그때에만 부가세를 포함한 가격으로 제시합니다. 그
렇다면 통장으로 들어온 돈이나 현금으로 직접 받았을 경우는 부가세를
포함하지 않았는데 부가세 매출신고를 해야 하나요?

....

👤 현금을 받는 경우를 건별 매출이라고 합니다. 이렇게
받는 현금에도 부가세가 포함된 것으로 계산합니다.
부가세 신고 시에 카드, 세금계산서, 현금영수증 매출뿐만 아
니라 현금매출에 대해서도 신고를 해야 합니다.

현금으로 받았다고 해서 부가세가 없다고 생각하는 것은 오
산입니다. 과세 사업자는 항상 부가세가 별도라는 생각으로
매출을 관리하시기 바랍니다.

42

손님이 현금 결제할 때도
신고를 해야 하나요?

중국집을 운영 중입니다. 신고를 한다면 부가세는 몇 프로가 붙나요? 신
고를 안하거나 거짓으로 올리면 불이익은 어떻게 되나요?

....

카드 결제가 아닌 현금도 매출을 신고해야 합니다.
동일하게 부가세 10%가 포함된 금액입니다. 식당 세무
조사 시에 가장 빈번하게 적발되는 것이 이러한 현금 매출 누
락입니다.

신고를 누락하면 신고불성실 가산세와 납부불성실 가산세의
불이익이 있습니다.

💡 TIP

부가가치세 신고서를 살펴보면 매출 부분이 몇 가지로 구분이 된다
세금계산서 매출, 현금영수증 매출, 기타 매출 등 몇 가지로 나누어진다.
여기서 기타 매출이 우리가 말하는 현금 매출 부분이 반영되는 부분이다.
즉 부가가치세 신고서에는 이미 현금 매출을 신고하라고 마련해둔 영역이
따로 존재한다. 그러므로 현금 매출을 신고할지 말지 고민하지 말고 적법
하게 신고를 하자.

현금으로 받으면
신고를 안 해도 되나요?

현금으로 받았어도 신고해야 한다.

매출에는 다양한 종류가 있다

부가가치세 신고를 할 때 많이 상담하는 주제 중에 하나가 현금 매출에 대한 부분이다. 부가가치세에서 매출이란 원칙적으로 재화와 용역을 공급하고 그에 대해 대가를 받는 경우 모든 매출의 범위에 포함된다. 그리고 우리가 재화나 용역을 상대에게 공급하고 나서 대가를 수취하는 방법에는 여러 가지가 있다. 카드로 결제하는 경우도 있으며 세금계산서를 발행할 수도 있고 현금영수증을 발행하는 경우도 있다. 또한 위 증빙 외에 단순히 현금을 받는 경우도 있다.

우리가 식당에 가서 식사를 할 때를 가정해보자. 식사를 주문하고 나서 식사한 후에 나오면서 대가를 지불하게 된다. 대부분의 경우는 카드로 결제할 것이다. 카드가 없는 경우에는 현금을 내면서 현금영수증을 요구하거나 그냥 현금을 내고 나오는 경우도 있다. 이와 같이 현금을 내고 다른 증빙은 전혀 요구하지 않고 나오는 경우가 현금 매출에 해당한다.

모든 매출은 신고해야 한다

그렇다면 이러한 현금 매출은 신고하지 않아도 될까? 이는 당연히 매출이 발생한 것이므로 이에 대해 신고를 해야 한다. 그런데 현실에서는 사업자들이 의문을 갖고 많은 질문을 한다. 현금 매출을 신고해야 합니까부터 시작해서 현금 매출을 얼마나 신고해야 합니까 등 질문이 다양하다.

그렇다면 왜 이러한 질문을 하는 걸까? 이는 당연히 현금을 받은 것이 당장에 노출이 되지 않는다고 생각하기 때문이다. 즉 카드로 결제하거나 현금영수증을 발행한 것은 이미 카드 단말기 회사나 국세청 현금영수증 자료로 그 증거가 남기 때문이다. 하지만 순수하게 현금을 받은 경우에는 이러한 증거가 남지 않으므로 이를 두고 고민하다가 질문하는 것이다. 답은 너무나도 명확하다. 매출은 모두 신고해야 하며 그게 현금 매출이라고 해서 고민할 필요는 없다.

매출 누락은 언제든지 밝혀진다

실제 실무에서 세무조사 등을 겪어보면 현금 매출에 따라 매출 누락이 드러나는 경우가 있다.

사업자 통장에는 매번 돈을 입금하게 된다. 즉 오늘 내가 현금으로 받은 돈이 1000만 원인데 현금영수증을 발행한 금액은 200만 원이라고 가정하자. 그러면 800만 원의 금액이 기타 매출이 된다. 사장님은 현금으로 받은 돈 1000만 원을 그날 사업자 통장에 입금하게 된다.

그런데 부가가치세 신고를 할 때는 세금을 적게 낼 마음으로 현금영수증 발행한 금액 200만 원만 신고한다. 이러한 경우 후에 사업자 통장과 부가가치세 신고 내역을 비교해보면 이러한 오류가 단번에 밝혀지게 된다. 신고된 현금영수증 매출은 200만 원뿐인데 사업자 통장에는 1000만 원이 입금되는 내역이 남는 것이다. 누가 보아도 앞뒤가 맞지 않는 것이다.

이를 기간을 정해서 예를 들어 1년 동안의 입금 내역을 더해보고 1년 동안의 신고 내역과 비교해보면 그 차이가 명백하게 밝혀진다. 그러므로 당장의 유혹 때문에 현금 매출 자체를 누락하는 것은 언제든지 밝혀질 수 있으므로 그러한 행동은 옳지 않다는 것을 말씀드린다.

요즘 세상은 전산으로 많은 일들이 이루어진다. 우리가 매장에서 주문을 받으면 이를 소위 말하는 포스기에 입력하게 된다. 그리고 해당 손님이 결제를 하면 역시 포스기에 결제 내역이 남게 된다. 결제한 수단이 현금이라도 당연히 해당 결과는 포스기에 저장된다.

쉬운 예로 유명 빵집의 세무조사 시에도 각 매장의 포스기에 있는 자료와 본사에서 관리하는 자료 및 세무서에 신고한 자료들을 상호 비교해서 어느 곳에서 누락이 발생하였는지 알아내었다고 한다. 너무나 드러난 자료들이기에 수정하거나 삭제할 수도 없다.

이와 같이 전산으로 거의 대부분의 일이 이루어지는 요즘에는 전산 데이터 자체에 모든 매출이 노출되어 있으므로 이를 무시하고 매출을 누락해서 신고하는 행동은 대단히 위험하다고 할 수 있다.

세금계산서를 요구하지 않으면 10% 깎아준다는데요

세금계산서를 받지 않았다고 절세가 아니다!

A사업자는 B사업자의 매장에 인테리어를 하면서 B사업자에게 10% 할인해주겠다면서 세금계산서를 발행하지 말자고 했다. 그래서 순진한 B사업자는 부가세를 부담하지 않는 대신에 세금계산서를 받지 않는다고 좋아하면서 계약을 했다. B는 이를 절세라고 생각했다. 하지만 이는 잘못된 생각이다.

일반과세자를 기준으로 얘기할 때 우리가 상품을 사거나 비용을 지출하면서 세금계산서를 받으면 10%의 부가세를 추가로 부담하게 된다. 즉 공급가액이 1000만 원이면 10%인 100만 원만큼의 부가세가 추가되어 총 1100만 원을 상대에게 지급하게 된다. 여기서 10%인 100만 원을 안 주는 대신에 세금계산서를 받지 않는 경우가 있다. 이는 결과적으로 매입자, 즉 비용을 지급하는 입장에서는 명백한 손해다. 왜냐하면 물건을 매입하면서 지출하는 10% 부가세는 부가세 신고 후에 세무서에서 돌려받게 되기 때문이다. 이는 일반과세자들의 공통된 권리이다.

내가 부가세를 부담하더라도 세금계산서를 받아서 부가세 신고를 하면 내가 부담한 부가세를 결국엔 돌려받는 것이다. 그러므로 10% 부가세를 부담하지 않는다고 세금계산서를 받지 않는 것은 이득이 전혀 아니다. 부가세 10%를 부담해도 결국엔 되돌려받기 때문이다. 이를 마치 할인해준다는 식으로 얘기하는 경우는 논리적으로 말이 되지 않는다. 어차피 돌려받을 돈이므로 할인해주는 게 아니다.

더욱 중요한 것은 세금계산서를 받지 않으면 그 공급가액만큼 비용 처리가 되지 않는다. 무자료 거래를 했으므로 적격증빙이 남아 있지 않으며 이를 당연히 비용 처리할 수 없는 것이다. 그렇다면 개인사업자의 경우는 해당 공급가액에 대해 최대 38%나 세금을 더 내야 한다. 이 얼마나 불리한 상황에 처하는 것인가!

10% 할인이라는 말은 어불성설인 것이다. 어차피 그 10%는 국세청으로부터 정당하게 돌려받는 돈이기 때문이다. 이게 이해가 되지 않으면 거래에서 계속 불리한 입장에 서게 된다는 것을 명심해야 한다.

43

홈택스로 부가세 확정 신고 후 깜빡하고 납부기한을 넘겼습니다

납부기한이 지난 고지서로 납부하려니 입금이 되지 않아 다른 방법을 홈택스 페이지에서 찾아봤지만 조회가 되지 않습니다. 어디에서 다시 납부해야 하나요?

 납부 기한이 지나면 해당 고지서로는 납부가 불가합니다.

홈택스에 로그인하여 국세납부의 자진납부 메뉴에서 부가세를 입력하면 납부하실 수 있습니다. 이미 납부기한이 지났으므로 납부불성실 가산세를 계산해서 납부하시면 됩니다. 하루가 지날 때마다 1만분의 2.5씩 가산하면 됩니다. 또는 이 과정이 번거롭다면 담당하는 세무사 사무실에 새로운 고지서를 만들어달라고 말씀하시면 됩니다.

44

부가세가 너무 많이 나와
연체 후 납부하려고 생각 중입니다

혹시 부가세를 연체하면 전자세금계산서 발행이 안되나요?

이번 부가세 체납이 처음이라면 그로 인해 당장 전자세 금계산서 발급이 안 되진 않습니다. 하지만 납부불성실 가산세는 하루에 1만분의 2.5만큼 가산됩니다. 되도록 부가세 를 빨리 지불하는 것이 좋습니다.

> 💡 TIP
>
> **가산세를 계산하는 방법**
>
> 예를 들어서 생각해보자.
>
> 7월 25일에 납부할 부가세가 1000만 원이었다. 만일 7월 25일까지 신고를 하고 납부를 했다면 1000만 원만 납부하면 된다. 그런데 이를 신고하지 않았다고 가정하자. 그러면 7월 25일 밤 12시에서 1초가 지나는 순간 미신고 가산세가 200만 원이 붙게 된다. 그리고 하루가 지날 때마다 1만분의 2.5인 2,500원이 추가된다. 이렇게 비교해보면 알 수 있듯이 미신고 가산세는 납부불성실 가산세에 비해 상대적으로 크기 때문에 반드시 정해진 정기 신고기간에 신고할 것을 강조한다.
>
> 우리가 정기신고 기간에 신고를 못했을 때 가산세를 추가해서 납부해야 하는데 이를 감면할 수 있는 방법이 있다. 즉 기한이 지났지만 우리 스스로가 신고하게 되면 그에 대해서 세무서는 일부 감면을 해준다. 다만 이러한 감면은 신고 불성실 가산세에 대해서만 적용이 된다.

깜빡하고
부가세 신고를 못했네요

하루 빨리 신고하는 것이 좋다.

신고를 놓치면 무신고자가 된다

사업을 하다 보면 여러 가지 일로 매우 바쁜 것이 사실이다. 세금 신고 일정을 일일이 기록해두지 않는다면 아무리 부지런한 사업자도 그 일정을 모두 기억하기가 쉽지 않다. 그래서 담당 세무사들이 세금 신고 일정에 대해 알리고 일정에 늦지 않게 신고하는 경우가 대부분이다.

그런데 사업을 이제 막 시작하여 잘 모르거나 세금 신고 기간에 세무사와 연락이 되지 않아 신고를 못하는 사람들이 있다. 또는 담당 세무사를 아직 선임하지 않아서 직접 신고를 해야 하는 사람들도 있다. 이러한 경우 바쁜 일정 때문에 신고를 놓치는 경우를 종종 보게 된다. 사업을 위해 해외에 출장가면서 세금 신고 일정을 고려하지 않는 경우들도 있다.

부가세 신고를 하지 않게 되면 기본적으로 세무서 입장에서는 무신고자로 관리가 된다. 정기신고 기간에 세금 신고 내역 자체가 없으므로 신고를 불성실하게 한 경우로 분류되는 것이다. 사업자가 매입 세금계산서, 즉 매입비용이 많아 지체되어 며칠 늦는다 하더라도 이를 신고하지 않으면 세무서 입장에서는 단지 신고를 하지 않은 불성실한 사업자로 볼 수밖에 없다.

신고 불성실 가산세와 납부 불성실 가산세

가산세는 크게 신고 불성실 가산세와 납부 불성실 가산세로 나눌 수가 있다. 다른 가산세도 있지만 가장 많이 접하는 이 두 가지에 대해 설명하고자 한다. 신고불성실 가산세는 말 그대로 신고를 하지 않은 것에 대한 제재이다. 정해진 정기 신고 기간에 신고를 하지 않았으니 그에 대한 제재를 가하는 것이다.

이는 크게 두 가지로 나눌 수 있는데 무신고한 경우와 신고했는데 일부 잘못이 있는 경우이다.

정기 신고 기간에 신고를 하지 않았다면 20%의 가산세가 붙게 된다. 즉 7월 25일까지 부가세 신고를 해야 하는데 하루라도 늦게 신고하면 당초에 납부할 세액에 20%가 혹처럼 붙게 된다. 그래서 25일에 납부했으면 1000만 원이었는데 하루 만에 200만 원이 불어나 1200만 원이 된다.

신고불성실 가산세 중에 20%가 아닌 10%인 경우도 있다. 이는 신고는 했는데 오류가 있어서 후에 다시 이를 수정해서 하는 수정신고의 경우다. 매출이 의도치 않게 누락되어서 부가세를 100만 원 덜 납부했다면, 수정신고를 할 때는 100만 원의 10%인 10만 원을 추가로 납부해야 하는 것이다. 이와 같이 신고불성실 가산세의 경우에는 그 단위가 결코 작지가 않다. 사업이 번창하여 부가세를 억 단위로 내는 경우에는 20% 가산세만 해도 1000만 원대가 되는 것이다. 이렇듯이 과세관청은 납세자가 신고해야 할 것을 신고하지 않을 때는 이에 대해 가혹한 가산세를 부과하므로 신고 일정을 놓치는 일은 없어야 한다.

신고불성실 가산세 외에 또 유명한 것이 납부불성실 가산세이다. 7월 25일에 맞춰서 신고는 했는데 납부해야 할 세금을 납부를 못하고 체납하는 경우다. 이런 경우는 현실에서 흔하게 발생한다. 세무사 사무실에서 납부서를 받았는데 워낙 사업에 바빠 납부하는 날짜를 깜빡하는 것이다.

이때 추가로 내야 하는 가산세를 납부불성실 가산세라고 한다. 납부불성실 가산세는 하루마다 납부세액의 1만분의 2.5이다. 생각보다는 높지 않다. 1년 동안 납부를 안했다면 9.125%가 된다. 즉 신고는 하고 1년 동안 납부를 안 하면 본래 납부세액이 1000만 원일 경우 91만 2,500원의 가산세가 추가되는 것이다.

부가가치세가 무엇인지 알아보자

부가가치세에서 이해하기 어려우면서도 쉬운 개념이 있다. 일반과세자 사이에서 거래를 하게 되면 결국엔 누구도 부가세를 부담하지 않는다는 것이다. 이 개념을 이해하면 부가세에 대한 부담이 줄어들 것이다. 부가세가 흘러가는 순서를 상상해보면 된다.

상품을 파는 매출자를 A라고 하자. 그리고 그 상품을 사는 매입자를 B라고 하자. 또한 이 거래에 대한 신고를 관할하는 국세청을 C라고 하자.

A는 B에게 물건을 팔 땐 B로부터 부가세 10%를 더 받게 된다. 최초에 B가 부가세 10%를 A에게 전달한다. A는 부가세 신고를 하면서 부가세 10%를 국세청 C에게 납부하게 된다. 동시에 B는 부가세 10%에 대해서 국세청 C에게 환급해달라고 신청하게 된다.

결국 부가세 10%는 B가 A에게 주고 A가 C에게 납부하며 마지막에 C가 B에게 환급하게 된다. 가만히 보면 B에서 출발하여 A와 C를 거쳐서 결국 B에게 돌아오게 되는 것이다. 이렇듯이 부가세 10%는 일반과세 사업자 사이에서는 누구도 부담하지 않고 원위치가 된다.

그런데 우리는 왜 부가세를 많이 낸다고 생각하게 되는 걸까? 그건 심리적인 문제인 것이다. 매출자 A는 상품을 판매하고 부가세 10%를 추가로 더 받아낸다. 하지만 사람 심리상 전체 돈이 다 내 돈이라고 생각하게 된다. 그러므로 부가세 10%를 국세청에 납부할 때 내 돈을 낸다고 생각하는 것이다. 하지만 이론적으로 이는 A의 돈이 아니며 B가 부담한 부가세를 단순히 국세청 C에 전달하는 역할일 뿐이다. 이와 같이 부가세라는 것이 일반과세 사업자 사이에서는 누구도 부담하지 않는다는 것을 이해한다면 부가세라는 것의 특징이 무엇인지 알 수 있다.

다만 사업자 사이의 거래가 아니라 근로자와 같은 최종 소비자가 부가세를 부담하는 경우에는 해당 근로자를 그 부가세를 돌려받는 제도는 없다. 부가세를 환급해주는 것은 사업자인 경우에 가능한 것이다. 추가로 앞에서 말했듯이 간이과세자는 환급을 받는 개념이 없다.

이처럼 부가세라는 것은 일반과세 사업자 사이에 누구도 부담하지 않는 것이므로 당연히 세금계산서를 요구하고 부가세를 지급하는 것이 비용 처리 측면에서 가장 유리한 방법이며 원칙이라는 것을 말하고자 한다.

갑자기 부가세 고지서가 날라 왔어요

개인사업자는 통상 1월과 7월에 부가세 신고를 한다고 생각한다. 1월에는 직전 연도 하반기 6개월에 대한 부가세를 신고한다. 7월에는 상반기 6개월에 대한 부가세 신고를 한다. 그런데 부가세를 1월과 7월에만 납부하는 것은 아니다. 4월과 10월에는 세무서에서 친절하게 고지서를 사업장으로 우편으로 보내준다.

어떻게 사업자가 직접 신고하지 않았는데 세무서에서는 이를 알고 고지서를 보내는 것일까? 4월과 10월에 우편으로 오는 고지서는 추정치이다. 기존에 부가세 신고한 내역을 기준으로 약 50% 정도를 고지하는 것이다. 즉 실제 사업 현황과는 무관하다. 세무서에서 일괄적으로 추정치를 고지하고 이를 납부하도록 하는 것이다.

창업한 지 얼마 안 되는 사업자의 경우, 4월과 10월에 문의 전화가 자주 온다. 부가세 신고를 한 적이 없는데 왜 납부서를 보내냐고 약간의 항의가 포함된 전화다. 이는 세무사 사무실에서 작성해서 보내는 것이 아니고 세무서에서 추정치를 작성해서 각 사업장에 직접 보내는 것이다. 그리고 추정치이므로 그 기간에 사업 현황과는 직접적인 상관이 없다.

그렇다면 위 사항들은 개인사업자만 해당되는 것일까? 그렇다. 법인사업자는 애초에 4월, 10월에도 부가세를 자진 신고한다. 그러므로 고지서를 받아서 내는 것이 아니고 스스로 자진해서 신고하고 납부하는 것이다. 이렇듯 개인사업자와 법인사업자는 기본적으로 신고 방식부터가 다르다.

신고 방법을 정리하면 개인사업자는 1월과 7월에 스스로 신고 및 납부를 진행한다. 그 사이인 4월과 10월에서는 세무서에서 보내주는 고지서를 납부하면 되는 것이다. 이에 반해 법인사업자는 1월, 4월, 7월, 10월에 모두 스스로 신고 및 납부를 한다. 그러므로 법인사업자에게는 예정고지 제도 자체가 없다. 법인사업자가 개인사업자와 같을 거라고 착각하고 4월과 10월에 고지서를 오길 막연히 기다리면 안 된다.

예정고지서를 받은 경우 정해진 날짜를 지켜서 납부하지 않으면 기본적으로 3%의 가산금이 추가된다. 그러므로 날짜를 맞춰서 납부하는 것이 중요하다. 간혹 고지서를 받지 못하는 경우가 있다. 이런 경우에는 세무서에서 기한을 더 늘려서 다시 고지서를 발송하는 경우도 있다. 예정고지 납부서를 납부하지 않으면 어차피 가산금이 추가되므로 정해진 기한 내에 납부하는 것이 가장 좋은 방법이다.

🖩 45

면세사업자는
부가세 환급도 못 받고
딱히 좋은 게 뭔지 잘 모르겠습니다

면세사업장을 내고 월세, 부가세, 관리비를 내고 있습니다. 이번에 집주인이 세금계산서를 주었는데 검색해보니까 면세사업자는 부가세 환급이 안 된다고 하더군요. 세금계산서 발급받은 건 어떤 용도로 사용해야 됩니까? 세금을 줄일 수 있는 건가요?

이럴 경우 간이과세나 일반사업자로 변경하는 게 좋은가요?

....

👤 면세사업자는 부가세를 납부하지 않습니다. 동시에 부가세를 환급받지도 못합니다. 면세는 부가세를 납부하지 않아서 좋지만 반면에 매입할 때 부담한 부가세를 공제받지도 못하므로 장단점이 있습니다.

일반과세자는 부가세를 납부하는 반면에 매입에 대해 부가세를 공제받을 수 있습니다. 일반과세와 면세는 업종에 따라 분류되므로 자유롭게 선택할 수 있는 것이 아닙니다. 그렇기 때문에 임의로 변경하는 것은 어렵습니다. 실제 어떤 일을 하느냐에 따라서 과세와 면세가 구분됩니다.

📟 46

매입 건에 대하여,
세금계산서와 지출증빙 현금영수증
둘 중 어느 것으로 받을까요?

면세 법인사업자인 국비교육을 하는 학원입니다. 매입 건은 환급을 받을 수 없으니 지출증빙이 낫지 않을까 싶은데 맞나요?

세금계산서와 현금영수증 모두 지출에 대한 적격증빙에 해당됩니다. 실제 지출한 비용에 대해서 세금계산서로 받든 지출증빙용 현금영수증으로 받든 무관합니다.

사업과 관련하여 지출한 비용이라면 모두 비용 처리가 가능합니다.

💡 TIP

예정고지로 인해 환급이 발생하는 경우

상반기에 매출이 집중되는 경우에는 하반기 예정고지 금액이 과도하게 책정된다. 이때 하반기에 대한 부가세 신고 납부를 하면 오히려 예정고지 금액보다 적게 계산되는 경우가 있다. 그러면 그 차액만큼을 환급받게 되는 것이다. 그래서 각 사업자의 매출 특성에 따라 본의 아니게 환급도 발생할 수 있는데 예정고지 때문이라는 것을 알 수 있다.

예정고지서에 있는 금액을 납부한다고 해서 이 금액이 사라지는 것이 아니라 후에 기납부세액으로 공제되므로 불이익이라고 생각할 필요가 전혀 없다. 정부 입장에서는 세금을 1월, 7월에 몰리지 않고 일정하게 걷고자 하는 의도도 있다.

제 친구는 부가세를
하나도 안 낸대요

면세사업자이기 때문이다.

면세란 무엇인가?

우리가 사업을 하다 보면 면세사업자를 만나는 경우가 있다. 번역을 한다거나 통역을 한다거나 쌀을 판매하는 등 세법에 정해진 면세 재화나 용역을 제공하는 경우, 이를 면세사업자라고 한다. 이러한 면세사업자들은 특이하게도 부가세를 부담하지 않는다. 즉 부가세를 면하는 것이다.

이러한 면세에는 국민의 복리후생과 연관된 일이거나 학원 등 교육, 통역 등의 용역 등 다양한 업종이 있다. 간단한 비교로 병원에서 미용 목적으로 성형을 하는 것은 과세이므로 부가세를 부담해야 하지만 치료 목적으로 성형을 하는 경우에는 부가세를 부담하지 않아도 된다. 쉽게 말해 기본적인 복리후생 등과 관련된 것에는 부가세 부담을 덜어주고자 하는 것이다.

또 다른 예로는 우유 제품도 들 수 있다. 흰우유는 면세 상품이다. 국민 건강을 위해 마실 수 있는 기본적인 항목이기 때문이다. 그런데 딸기 우유는 부가세를 부담하는 과세상품이다. 순수한 우유에서 일부 가공을 통한 것이기 때문이다.

이렇듯이 면세라는 것은 국민의 기본적인 생활과 관련된 것들에 대해 혜택을 준다. 그래서 이러한 재화나 용역을 공급하는 면세 사업자는 부가세를 부담하지 않는다. 부가세를 받지 않았으므로 과세관청에 부가세를 납부할 의무도 없다.

부가세를 납부하지도 돌려받지도 못한다

그렇다면 이러한 면세사업자들에게는 항상 장점만 있는 것일까? 면세사업자는 납부할 부가세가 없는 반면에 부가세를 돌려받지도 못한다. 예를 들어 사무실 임차료에 대해 세금계산서를 받고 부가세를 사무실 주인에게 주었다고 가정해보자. 면세업자는 자기가 부담한 부가세를 돌려받지 못한다. 이런 것을 생각할 때는 면세사업자가 불리하게 보인다.

우리의 주식인 쌀 역시 면세 품목이다. 기본 주식을 해결하기 위해서 쌀을 사면 부가세를 부담하지 않아도 된다. 쉽게 말해 최종 소비자 입장에서는 부가세를 부담하지 않는 만큼 쌀을 더 싸게 살 수 있게 된다.

이렇듯이 부가세를 부담하지 않는 장점 때문에 면세사업을 허용하는 업종은 굉장히 제한적이다. 사업자 스스로가 본인의 사업을 면세 사업으로 하겠다고 원해서 할 수 있는 것이 아니라 해당 업종이 세법에서 정한 면세 사업에 해당되어야 한다.

겸영사업자란 무엇인가?

세법에서는 과세사업자, 면세사업자 외에 겸영사업자라는 것이 있다. 예를 들어 정육점이 있는 고깃집이 좋은 예가 될 것이다. 정육점은 그 자체로 면세사업자이다. 하지만 고깃집은 과세사업자가 된다. 이와 같이 면세인 정육점과 과세인 고기집을 같이 경영하는 경우에 이를 겸영사업자라고 한다.

하나의 사업장에서 과세사업자와 면세사업자가 공간적으로 업무적으로 명확히 구분되지 않고 함께 사업이 이루어지는 경우 겸영사업자로 사업을 하게 되는 것이다. 이와 같이 겸영사업인 경우에는 과세사업과 면세사업을 구분해서 기장을 해야 한다. 왜냐하면 겸영사업자는 매입 부가세를 모두 환급 받는 것이 아니기 때문이다.

예를 들어서 주방용품을 샀는데 그중에 50%는 과세사업인 고기집에 사용하고 나머지 50%는 정육점에 사용했다면 과세사업에 사용한 분에 대해서만 부가세를 공제 받을 수가 있다. 이렇게 명확히 구분이 된다면 오히려 계산이 간단할 수가 있다. 그런데 에어컨을 샀다고 가정해보자.

이 에어컨은 고깃집에도 사용되고 정육점에도 사용될 수가 있다. 분명한 귀속이 불분명할 수가 있는 것이다. 이러한 경우에는 과세와 면세의 매출에 따라 나누어서 계산할 수가 있다. 예를 들어 고기집 매출이 1억 원이고 정육점 매출이 5000만 원인 경우에는 에어컨의 3분의 2만큼만 부가세 공제를 받을 수 있는 것이다.

우리가 통상 말하는 간이과세자, 일반과세자는 과세사업자를 뜻하고 이와 다른 면세사업자가 있다. 그리고 이러한 면세와 과세를 모두 겸하는 겸영사업자가 있다. 이러한 부가세법상의 분류를 알아서 그 구분이 헷갈리지 않도록 해야 한다.

겸영사업자는 사업자등록증이 두 개가 아니고 하나로 면세와 과세를 모두 할 수 있는 경우다. 다만, 업태와 종목에 면세와 과세 사업에 대해 구분을 해두는 것이 좋다.

🖩 47

홈택스에서 사업자카드 등록과
현금영수증 카드를 발급받았습니다.
어떻게 쓰나요?

부가세 신고 시에 어디에서 사용 내역을 체크하고 경비로 적용할 수 있는 건가요? 또한 식비를 현금영수증으로 계산하면 비용 처리가 되는 건지 궁금합니다.

....

홈택스에 저장된 카드와 현금영수증 내역을 건별로 구분해야 합니다. 사업을 위해서 사용했고 과세사업자라면 건별로 체크해서 해당 내역을 부가세 신고 시에 공제받을 수 있습니다. 예를 들어 직원들 회식비는 부가세 공제 대상이나 접대를 한 경우에는 부가세 공제 대상이 아닙니다.

종업원에게 사준 식대 등은 부가세 환급 대상이나 개인사업자 본인의 식대는 부가세 공제 대상이 아닙니다.

특히나 1인 기업인 경우에는 대표 스스로 본인에게 복리후생을 할 수 없으므로 식대는 부가세 환급 대상이 아닌 점을 유의해야 합니다.

📟 48

1인 사업자입니다.
사무실로 출퇴근할 때 교통비(버스비)를
사업자 카드로 써도 되나요?

그리고 일하는 시간에 식사(점심, 저녁)를 해야 할 경우, 식비를 사업자 카드로 써도 되나요?

원칙적으로 사업과 관련하여 직접적으로 지출하는 비용들은 모두 비용 처리 대상이 됩니다. 사무실 출퇴근도 사업과 관련된 비용에 해당합니다.

그러나 1인 사업자의 경우 대표님 본인의 식사비는 비용 처리 대상이 아닙니다. 다만, 거래처에 접대하는 경우, 회의 시 지출하는 다과 비용 등은 비용 처리 대상이 됩니다.

사용처가 애매한 경우에는 사업자 카드로 일단 결제하시고 추후 비용 처리 시에 제외할 수도 있습니다.

면세사업자가 되려면?

면세사업자가 되기 위해서는 학원처럼 허가를 받아야 하는 경우가 있다. 간판을 학원으로 하고 학생들을 가르친다고 해서 무조건 다 면세사업자가 되는 것은 아니다. 예를 들어 한 학원이 허가를 받지 않고서 학원을 한다면 사업자등록증을 면세사업자로 받을 수가 없다.

이러한 경우에는 과세사업자로 사업자등록을 받게 된다. 이런 학원에서는 정식 허가가 난 경우가 아니므로 교육비에 부가세를 추가해서 받아야 한다. 그리고 해당 부가세는 납부해야 한다. 다시 말해서 허가를 받아야 하는데 이를 간과해서 사업자등록을 내는 경우에는 정상적인 면세사업자 해당하지 않으므로 면세 혜택을 받을 수가 없게 된다.

번역이나 통역의 경우에도 주의할 점이 있다.

개인사업자가 번역을 하는 경우에는 면세사업자로 사업자등록증이 나온다. 하지만 법인인 경우에는 면세가 적용되지 않고 과세사업자가 된다. 이와 같이 동일한 번역으로 보이지만 사업자가 무엇인지에 따라 면세 사업자가 될 수도 있고 과세 사업자가 될 수도 있다. 이러한 구분을 잘 해야 면세와 과세를 잘못 해서 불이익을 당하는 경우가 없게 된다.

밥 먹는 것도
환급이 되나요?

직원 식대는 비용 처리 가능하다.

사업자카드는 비용 처리 및 부가세 환급이 된다

사업을 하면서 비용을 많이 지출하게 되는 것은 어쩔 수 없는 현실이다. 그럼 그러한 비용에 대해 가장 먼저 해야 할 것은 증빙을 챙겨야 하는 것이다.

세법에서 정하는 적격증빙은 세금계산서, 사업자카드, 현금영수증 등이다. 여기서 우리가 가장 손쉽게 접할 수 있는 것은 사업자 카드다.

그럼 이러한 사업자 카드로 직원들의 점심 식사값을 결제하였을 때 어떤 효과가 있을까? 점심 식사비가 2만 2,000원이라고 가정하자. 여기서 20,000원은 공급가액이라 부르고 나머지 2,000원은 부가세라고 부른다. 이를 사업자 카드로 결제한 경우에 당연히 이는 복리후생비에 해당이 된다. 즉 회사에서 직원들을 위해 식사를 제공한 것이다.

그럼 여기서 공급가액인 2만 원은 복리후생비로 비용 처리
가 되면 부가세인 나머지 2,000원은 어떻게 처리가 될까? 회
사는 직원 식사비로 지급한 식사비 중에 부가세에 해당하는
2,000원에 대해서는 공제, 즉 환급을 신청할 수 있다. 그러므
로 사업자 카드로 처리한 부분은 당연히 비용 처리뿐만이 아
니라 부가세 환급도 가능해진다.

평소에 창업자들을 대상으로 강의를 할 때 마지막에 이러
한 말을 강조한다. 오늘 얘기한 모든 세법 내용을 잊어도 좋
으니 반드시 사업자 카드로 증빙을 남긴다는 사실만은 꼭 기
억해 달라는 것이다.

현실적으로 가장 증빙을 잘 남길 수 있는 방법이고 결코 어
렵지 않은 방법이기 때문이다.

간이과세자는 환급제도가 없다

간이과세자의 경우에 직원의 식사비를 사업자 카드로 결제
했다고 하여 해당 간이과세자가 환급받을 수는 없다. 복리후생

비라고 해도 간이과세자는 환급이라는 제도는 없기 때문이다.

이와 같이 식사를 하는 경우에도 사업자 카드를 잊지 않고 증빙으로 준비해둔다면 일반과세자 기준으로 해당 부가세는 환급 대상이 된다. 티끌 모아 태산이라고 이러한 증빙들을 평소에 열심히 모아둔다면 부가세 신고를 할 때 이익으로 돌아온다는 것을 평소에 명심하는 것이 좋다.

49

1인 사업장도
4대 보험 가입신고를
해야 하나요?

친척 어르신이 1인 사업자이신데 이번에 개인에서 법인으로 변경하셨어요. 아직 식원을 고용할 예정이 없고 자기 혼자 일하는데 사업상 가입신고서가 왔다며 이걸 작성해야 되냐고 물어보시네요.

사업장 가입신고 안내공문을 보니 근로자를 고용하고 있는 모든 사업장이라고 하는데 근로자를 고용 안 하고 대표 혼자 일하는 사업장도 신고서를 내야 할까요?

....

법인의 대표이사도 근로자에 해당합니다.

법인 대표이사가 급여를 받는 경우에는 국민연금, 건강보험 직장가입 대상입니다. 다만, 무보수 대표이사의 경우에는 제외됩니다.

개인사업자의 대표가 혼자 일을 하는 경우에는 창업 초기에는 4대 보험 가입을 유예할 수 있습니다. 매출이 발생하지 않는 상태에서는 공단에서 연락이 오면 현재 상황을 설명하시면 됩니다. 그렇지만 매출이 발생하고 종합 소득금액이 있는 경우에는 마찬가지로 가입을 해야 합니다.

📟 50

개인사업자 직원으로
4대 보험 가입을 하려면
어떻게 해야 되나요?

개인사업자가 급여를 지급했다는 신고와 각종 세금을 납부하면 되나요?

....

직원 채용시에는 세무서와 공단에 신고를 해야 합니다. 4대 보험 공단에는 취득신고를 하고 세무서에는 인건비에 대한 원천세 신고를 해야 합니다.

세무서 원천세 신고는 매달 신고 및 납부하게 됩니다. 지급한 달의 다음 달 10일까지 신고 및 납부하는 것입니다. 공단에 신고 시에는 최초 직원인 경우에는 개인사업자 대표도 함께 4대 보험 취득이 됩니다.

물론 고용과 산재는 제외입니다. 인건비에 대해서 세무서에 하는 원천세 신고는 세금에 대한 것이며, 4대 보험 공단에 하는 신고는 보험료에 대한 것입니다. 이 두 가지는 별개의 기관에 하는 별개 항목들입니다.

4대 보험 중에 가장 보험료가 높은 곳은 국민 연금 공단이다. 9%를 국민연금으로 납부해야 한다. 6%대인 건강보험에 비해서는 상당히 높다고 하겠다. 그런데 창업자 기준으로는 이게 다르게 느껴질 수 있다. 왜냐하면 직장 가입을 하기 전에 지역 가입자로 남아 있는 경우에는 통상 국민연금을 가입하지 않고 건강보험만 가입하는 경우가 있기 때문이다.

4대 보험이
무엇인가요?

국민연금, 건강보험, 고용보험, 산재보험이다.

4대 보험의 정의

사업을 하지 않는 분들도 이 단어는 자주 들어봤을 것이다. 네 가지 보험 같은데 정확하게 이게 무엇인지 모르고 말하는 경우도 있을 것이다. 4대 보험이란, 말 그대로 네 가지 보험을 말하는데 국민연금, 건강보험, 고용보험, 산재보험이 이에 해당된다.

그럼 4대 보험은 왜 중요할까? 그것은 이 네 가지 보험이 보장하는 영역이 조금씩 다르기 때문이다. 국민연금은 말 그대로 연금을 계속 적립하는 것이다. 이는 노후에 연금을 받기 위해서 젊은 나이에 미리 적립하는 개념이다. 물론 이 국민연금을 나중에 원금이라도 돌려받을 수 있을지 의심스럽다는 말을 듣고는 한다. 하지만 국가에서 정한 제도인데 국민의 입장에서는 성실히 따라야 한다고 생각한다.

건강보험은 쉽게 생각해서 병원에서 진료 받을 때 받을 수 있는 혜택이다. 우리가 병원에 가서 진료를 받을 때 우리가 내는 돈은 일부이며 나머지를 건강보험공단에서 보조해준다.

고용보험은 실업급여를 떠올리면 이해가 빠르다. 정해진 조건을 만족한 상태에서 실업 급여를 신청하면 수령이 가능하다. 그 정해진 조건 중의 하나가 고용보험 가입 여부다.

산재보험은 업무를 수행하는 중에 재해를 입는 경우 그에 대한 보장에 대한 보험이다. 일반적인 사무직들은 업무 중에 다칠 일이 많지 않지만 업종에 따라서 재해 위험이 큰 경우에는 반드시 가입이 필요하다.

4대 보험은 관리하는 기관이 다르다

4대 보험은 관리 기관이 구분되어 있다. 세금은 세무서에서 관리하나 4대 보험은 세무서와는 관련이 없는 사회 보장 제도이다. 이를 관리하는 기관은 나뉘어 있다. 국민연금은 국민연금공단, 건강보험은 건강보험공단, 고용보험과 산재보험은 근로복지공단이 각각 관리한다. 각 보험이 규정이 다르고 이를 관리하는 공단도 서로 달라서 실무상 혼란스러운 면도 있다.

사업을 시작해서 근로자를 채용하는 경우 특이한 경우가 발생한다. 창업 첫해에 대부분의 사업자들은 수입금액보다는 비용이 더 크게 발생한다. 이러한 경우 실질적인 소득은 없지만 4대 보험은 이를 감안하지 않는다. 근로자를 채용하는 경우에는 그 근로자와 동일하거나 큰 금액으로 4대 보험을 가입해야 한다. 즉 최초 근로자를 채용할 때 실제 이익이 나지 않는 상황이어도 근로자에게 주는 급여 이상으로 대표자도 4대 보험을 가입해야 하는 것이다. 어찌 보면 굉장히 황당한 상황이 발생할 수도 있다. 근로자의 역량이 중요한 경우 근로자에게 고액의 연봉을 제시하고 채용할 수도 있다. 그런데 대표도 동시에 그 고액 연봉 이상으로 4대 보험에 가입하고 이를 부담해야 한다.

4대 보험 가입은 크게 지역 가입자와 직장 가입자로 나뉜다. 직장에 취업해서 정규직이 되거나 개인사업자 대표로서 직원을 채용하게 되면 직장 가입자가 된다. 직장 가입자가 아닌 경우에는 지역 가입자로 분류된다. 직장 가입자의 경우에는 매월 받는 급여를 기준으로 4대 보험료가 산정되는데 지역 가입자는 재산 등을 반영하여 공단 기준에 따라 산정하게 된다.

그러나 의무적으로 가입하지 않아도 되는 인력이 있다. 프리랜서라고 부르는 인적용역 사업자의 경우에는 4대 보험 직장 가입 의무가 없다. 물론 재산 정도에 따라서 지역 가입자로 정산되는 것은 해당된다.

또한 일용직의 경우에는 국민연금과 건강보험은 가입하지 않고, 고용보험과 산재보험을 가입한다. 그래서 단기간에 일하는 경우에는 즉 1개월 이내에만 일하는 경우에는 통상적으로 일용직으로 신고하여 고용보험과 산재보험을 부담하게 된다. 이마저도 대개는 사업장의 대표가 납부하는 게 현실이다.

창업한 대표들이 창업 초기에는 적자로 인해 세금을 납부하지 않는다. 그런데 직원 인건비를 지급하면서 4대 보험료는 매달 꼬박꼬박 납부해야 한다. 이로 인해서 창업 초기부터 4대 보험료에 대한 원성이 많은 게 현실이다.

프리랜서도 4대 보험에 가입하나요?

사업을 하다 보면 정규직 직원이 하지 않고 단기간 프로젝트성 업무를 외부에 맡기는 경우가 있다. 이러한 프리랜서는 그 일이 끝나면 해당 사업자와 더 이상 일을 진행하지 않기 때문에 정규직 근로자처럼 4대 보험을 직장 가입자로 가입할 의무가 없다. 그러나 프리랜서가 직장 가입자로 가입된 사업장이 한 곳도 없다면 지역 가입자로서 정산은 하게 된다.

이와 같이 프리랜서의 경우에는 직장 가입자가 아니기 때문에 사업장의 대표들 입장에서는 4대 보험 부담이 줄어든다. 왜냐하면 정규직 근로자가 있는 경우에는 회사에서 4대 보험료의 약 절반가량을 부담해야 하기 때문이다. 그런데 프리랜서의 경우에는 그러한 4대 보험료를 회사에서 부담하지 않아도 된다. 이로 인해 실무에서는 많은 논란이 발생한다.

예를 들어보면 실제로는 계속해서 일하는 근로자를 프리랜서로 신고하는 경우다. 이렇게 되면 회사 입장에서는 회사 부담분만큼의 4대 보험료를 줄일 수가 있고, 프리랜서 역시 직장 가입자가 아니므로 근로자분 4대 보험료를 줄일 수 있다. 이는 원칙적으로 잘못된 것이다.

프리랜서 소득도 많으면 당연히 각 공단의 정산 방식에 따라서 가입이 되고 납부를 해야 한다. 특히 건강보험의 경우 6%대의 보험료이며 소급하여 정산을 하기 때문에 상당히 부담이 된다. 간혹 이러한 건강보험 폭탄을 피하기 위해 해촉장을 제출하는 경우가 있다. 이는 더 이상 해당 업체에서 일을 맡기지 않는다는 의미이다. 하지만 현실에서는 특정 거래처와 계속해서 외주 용역을 하기 때문에 반드시 맞는 방법은 아닐 수도 있다.

결론적으로 프리랜서는 직장 가입자로 가입하지는 않지만 지역 가입자로서 보험료가 부과될 수 있다는 것을 알고 있어야 한다. 그리고 실제로는 정규직 근로자인데 프리랜서로 신고를 계속하게 되면 차후에 일시에 많은 보험료와 과태료를 함께 납부할 수 있다는 사실을 알고 있어야 한다.

🧮 51

연금 납부를
늦출 수 있나요?

1인 디저트 카페를 연 지 한 달이 넘어갑니다. 어제 뒤늦게 공단연금 신청서를 내일까지 작성하라는 국민연금공단의 우편물을 받았습니다. 동네 안쪽이라 매출은 많지 않고 한동안 월세 및 재료, 공과금을 내면 남는 게 없습니다. 이럴 경우 연금을 늦출 수 있나요? 유예기간이 어떻게 되나요?

그리고 의료보험은 남편 아래 직장가입자로 종속되어 있었는데 제가 지역가입자로 전환되지 않을 방법은 없나요?

1인 사업자의 경우 초기에는 매출이 적고 실제 소득금액이 발생하지 않는 경우들이 많습니다. 공단에 전화하셔서 현재 매출이 적고 이익이 남지 않는 상황이라서 가입이 어렵다고 말씀하십시오. 그러면 통상 6개월을 유예해줍니다. 이건 실제 초기 상황을 잘 설명하시면 됩니다.

6개월 이후에 매출이 발생하고 이익도 발생한다면 그때는 사업자 직장가입자로 가입하시기 바랍니다. 그렇기 때문에 평소에 지출증빙을 잘 챙겨두시기 바랍니다.

52

월 급여 200만 원이면
4대 보험 가입과 금액은
어떻게 정하나요?

이번에 같이 일할 식구가 들어와서 월 급여로 200만 원을 측정했습니다.
이때 4대 보험 가입은 어떻게 하며 금액은 어떻게 되는지 알고 싶습니다.

 급여를 지급하실 때는 급여대장을 먼저 작성하셔야
합니다.

그리고 급여에서 4대 보험료와 근로소득세, 지방세를 계산
하여 해당 금액을 제외하고 나머지 금액을 지급해야 합니다.
그리고 이에 대해서는 원천세 신고도 해야 하며, 4대 보험 취
득 신고도 하셔야 합니다. 보험 지불 금액은 보험요율에 따라
계산하시면 됩니다.

TIP

2019년 4대 보험료율

국민연금	건강보험	고용보험	산재보험

기준	근로자	사업주
기준소득월액	4.5%	4.5%

국민연금	건강보험	고용보험	산재보험

구분	보험료율	근로자	사업주
건강보험료 보수월액 기준으로 책정	6.46%	3.23%	3.23%
장기요양보험료 건강보험료 기준으로 책정	8.51%	가입자부담 50%	사업주부담 50%

검색창에 '4대 보험 계산기' 혹은 '4대 보험 모의 계산'을 검색하면 보험 계산을 할 수 있다.

🔗 TIP

국민연금	건강보험	**고용보험**	산재보험

구분		근로자	사업주
실업급여		0.65%	0.65%
고용안정. 직업능력 개발 사업	150인 미만 기업	–	0.25%
	150인 미만 기업	–	0.45%
	150인~1,000인 미만 기업	–	0.65%
	1,000인 이상 기업 / 국가지방자치단체	–	0.85%

국민연금	건강보험	고용보험	**산재보험**

업종분류	보험료율	업종분류	보험료율
1 광업	7.25~28.25%	6 임업	9.15%
2 제조업	0.85~4.35%	7 어업	3.65%
3 전기가스·상수도업	1.05%	8 농업	2.65%
4 건설업	4.05%	9 기타의 산업	0.85~3.15%
5 운수·창고·통신업	1.05~2.95%	10 금융 및 보험업	0.85%

4대 보험 중에 가장 요율이 높은 것이 국민연금으로 전체 4대 보험의 절반에 해당한다. 이런 국민연금을 지원해준다는 것은 생각보다 상당히 큰 혜택이 된다. 직원을 4명만 고용해도 사업주 입장에서는 매달 내야 하는 4대 보험료 고지서의 금액의 한 명 월급 분에 해당한다. 이런 상황에서 지원을 신청하여 혜택을 받으면 상당한 도움이 된다는 것을 잊지 말자.

4대 보험을
깎아준다면서요?

규정에 맞는 사업장은 보험료 해택을 받을 수 있다.

신규 취업자와 소규모 사업장

창업한 지 얼마 안 되는 사업자들이 가장 부담스러워하는 것은 세금이 아닌 4대 보험료다. 이익이 아직 나지 않았는데도 근로자를 채용하면 집요하게 4대 보험 고지서는 매월 사무실로 배달된다. 그래서 4대 보험 때문에 사업을 못하겠다고 말씀하는 사업자들이 실제로 많다. 그래서 정부에서는 소규모 사업장들에 대해서 일부 혜택을 제공하고 있다. 근로자가 10명 미만인 경우에 근로자의 월평균 보수가 210만 원 미만인 경우에는 국민연금과 고용보험의 일부를 정부에서 지원해준다.

여기서 근로자 조건을 만족하더라도 월평균 보수를 만족하지 못하는 경우가 있다. 예를 들어 매달 200만 원 급여를 받다가 연말에 상여로 200만 원을 받는 경우에는 월 평균 보수가 210만 원을 초과하게 된다. 이러한 경우에는 지원 대상에 해당되지 않는다. 그러므로 반드시 월 평균 보수가 210만 원 미만일 것이 확실할 때 신청해야 한다.

2019년 기준으로 신규 취업자에 대해서는 국민연금과 고용보험의 최대 90%를 지원해주며 기존 근로자에 대해서는 40%를 지원해준다. 4대 보험은 회사 부담분이 있고 근로자 본인 부담분이 있다. 이 두 가지가 각각 90%씩 지원받는 것이므로 회사 입장에서도 혜택이고 근로자 본인 입장에서도 혜택이다.

두루누리가 주는 혜택

위와 같이 4대 보험 혜택을 주는 제도를 두루누리라고 부른다. 사회보험 지원혜택이므로 이 조건에 맞는 경우에는 빠짐 없이 신고해야 한다. 간혹 이를 놓치고 신청하지 않는 경우가 있다. 그런 경우에 공단에서 자동으로 가입시켜 주지는 않는다. 왜냐하면 월평균 보수 210만 원 미만이라는 조건은 회사에서 결정할 사항이기 때문이다. 그러므로 근로자를 채용해서 조건이 맞는 경우에는 반드시 최초부터 두루누리를 신청해서 회사도 이익을 보고 근로자 본인도 이익을 볼 수 있도록 해야 한다.

창업자들을 상담하다 보면 이러한 제도 자체를 알지 못해서 이미 두루누리 혜택을 제외하고 4대 보험 취득 신고를 하는 경우가 있다. 당연히 창업자 입장에서는 모르고 신고할 수 있다고 생각한다. 그런데 공단 지사마다 이것을 알려주는 경우는 드문 것으로 보인다. 그래서 국가 차원에서 지원해주는 제도가 있더라도 이를 알고 올바르게 혜택을 받을 수 있는 준비가 되어 있어야 한다.

적자인데 보험료가 왜 이리 많이 나와요?

개인 사업자들이 하는 질문 중에 세 단계 질문이 있다.

첫 번째는 "적자면 세금이 안 나오죠?"다. 그렇다. 적자면 세금이 나오지 않는다. 두 번째는 "저 올해 적자 예상되죠?"다. 그 사업자는 적자 예상이 맞아서 그렇다고 대답한다. 마지막으로 "그런데 왜 고지서가 계속 날라오죠?" 하며 항의를 한다. 이때 세무사도 약간 당황하게 된다. 어떤 고지서가 날라 왔을까 순간 궁금해진다. 어떤 고지서냐고 물으면 4대 보험 고지서라고 당당하게 이야기한다. 여기서 안도의 한숨을 쉬게 된다.

사업이 잘 안 되어서 적자가 발생하면 당연히 그에 대한 세금은 없다. 그런데 4대 보험료는 적자와 무관하게 근로자에게 지급하는 급여 때문에 발생한다. 4대 보험 공단이 사업자의 적자 여부를 확인하고 4대 보험료를 부과하는 것이 아니다. 그러므로 적자 여부와는 상관없이 4대 보험료가 나오므로 이를 꼭 염두에 두어야 한다.

그런데 실제 사례로 연봉을 재조정하는 경우를 본 적이 있다. 한 사업주는 최초에 연봉 협상을 하고 근로자를 채용하였다. 그런데 사업자가 보험료 중에 회사부담분 약 9%를 부담한다는 사실을 잊고 있었다. 그래서 나중에 부담하는 만큼의 연봉을 조정하자고 하게 되었다. 그러나 안타깝게도 이미 연봉 협상을 끝낸 상태에서 다시 연봉 협상을 하기 어려웠다.

📟 53

가끔 당일 알바를 쓰는데
세금 신고는 어떻게 하나요?

저는 올해 2월부터 도소매업을 개업하여 일하고 있습니다. 일반과세자이며 1인 사업으로 하고 있고 4대 보험은 들지 않았습니다. 매달은 아니지만 가끔 인력사무실 통해서 일용직을 쓰고 있는데요. 의무적으로 원천세, 지급명세서 신고를 해야 하는 건가요?

인건비에 대해서는 일용직인지 인적용역사업자(프리랜서)인지 구분하신 후에 그에 따라 원천세 신고를 하면 됩니다. 일용직은 한 달 동안 8일 이내로 80만 원 미만이 대상이 됩니다.

원천세와 지급명세서를 신고하는 것은 의무입니다. 이것도 정해진 시기가 지나서 하면 가산세 등의 불이익을 받게 됩니다. 기본적으로 인건비를 지급한 것에 대해서는 그 사실을 신고하고 이를 비용 처리하는 것이 최선책입니다.

54

5년 미만 업장에서는
4대 보험을 들 수 없나요?

카페에서 일을 한 지 오래되었는데 건강보험 관련으로 조회를 해보니 제가 일용근로자로 되어 있습니다. 일용직이 아닌 정규직 직원으로 들어갔는데 일용근로소득세로 잡혀 세금을 내고 있었습니다. 또한 근로계약서 미작성 및 4대 보험도 안 된 상태입니다. 이때 제게 오는 불이익은 무엇이며 상시 근로자가 5인 미만인 카페일 경우에는 4대 보험을 들 수 없는지 궁금합니다.

근무 형태에 따라 일용직이 될 수도 있고 정규직 직원이 될 수도 있습니다.

정규직인 경우 4대 보험은 의무적으로 가입해야 합니다. 원천세와 지급명세서를 신고하는 것은 의무입니다. 이것도 정해진 시기가 지나서 하면 가산세 등의 불이익을 받게 됩니다. 기본적으로 인건비를 지급한 것에 대해서는 그 사실을 신고하고 이를 비용 처리하는 것이 최선책입니다.

사장님과 근무 형태에 대해서 논의하여 4대 보험 가입을 하기 바랍니다.

세법에서 인건비 신고를 할 때는 크게 세 가지로 나뉜다.

4대 보험을 모두 가입하는 정규직 근로자, 고용보험과 산재보험만 가입하는 일용직, 그리고 아무것도 가입하지 않는 프리랜서다. 여기서 일용직의 경우는 고용보험과 산재보험을 가입하지만 그 요율이 낮아서 부담이 적다. 그리고 해당 비용은 인건비로 모두 처리가 된다.

동시에 정해진 금액 이내로 받는 일용직 근로자 입장에서는 종합소득세 신고가 제외가 된다. 그래서 이 중에 일용직 신고를 사업자 대표나 근로자가 원하게 되어 오늘날과 같이 그 규제가 엄격해진 것이다.

이제는 사실상 일용직 원칙에 해당되는 경우는 거의 없어지고 있는 실정이다. 그러므로 신고를 하는 경우에는 이러한 트렌드를 반드시 반영하여야 한다.

일용직이면
서로 좋은 거 아닌가요?

일용직이 100% 좋은 것만은 아니다.

일용직 신고가 엄격해졌다

한때 사업주 사이에선 일용직이라는 단어가 만능키처럼 사용되던 시절이 있었다. 일용직은 요율이 적은 고용보험과 산재보험만 가입하면 된다. 그래서 일용직 신고를 소위 말해서 밥 먹듯이 신고하던 시절이 있었다.

결과론적으로 이제는 그러한 시대가 아니다. 일용직 신고가 매우 엄격해졌다는 이야기다. 그렇다면 과거의 일용직과 현재의 일용직은 어떻게 달라졌을까? 가장 큰 것은 공단의 입장이다. 과거에는 받아주던 신고를 이제는 엄격히 판단하여 일용직으로 보지 않는 것이다. 현재 기준으로 하면 한 달에 8일 이하로 일해야 하고 급여도 이에 맞춰 80만 원 이하가 일용직이라 하겠다. 그리고 동시에 두 달 연속 일하는 것도 일용직의 범주에 들지 않는다.

일용직은 보험료를 납부하지 않아도 된다

그렇다면 일용직이 얼마나 유리해서 그렇게 사업주들의 사랑을 받은 것일까? 근로자를 일용직으로 신고하면 국민연금과 건강보험을 회사에서 부담하지 않아도 된다. 동시에 근로자 입장에서도 일용직이므로 추후에 종합소득세 신고 의무도 지지 않는다. 그리고 근로자 본인이 부담하는 4대 보험료 근로자 부담분도 납부하지 않아도 된다. 이렇듯이 사업자와 근로자 본인에게 모두 유리한 것이 일용직이라는 제도이다. 그래서 일용직 단속이 되기 전에는 사실상 정규직에 해당되는 이들도 일용직으로 많이 신고가 되었다.

특히나 과거에는 한 사업장에서 일했던 일용직을 그 다음 달에 일하지 않았는데도 계속해서 인건비 신고를 하는 사례들이 있었다. 그래서 동시에 같은 달에 몇 군데에서 신고가 들어가는 황당한 사례도 발생한다. 사업자 입장에서 비용 처리를 위해 4대 보험 가입 의무도 없는 일용직들을 허위로 신고해서 발생한 일이다. 이와 같은 잘못된 신고는 언제든지 적발이 될 수 있으므로 지금은 이렇게 신고하는 시대는 아니라고 얘기하고 싶다.

인건비 신고 안 해도 월급 줬으니 비용 처리되죠?

사업자 분들에게 자주 듣는 질문 중에 하나는 인건비에 대한 것이다. 특히 기장을 하지 않는 사업자들이 이런 질문들을 한다. 일하는 사람이 있어서 월급을 꼬박꼬박 줬는데 비용 처리 당연히 되는 거 아니냐고 묻는다.

그럼 반대로 질문을 드린다. 월급을 지급한 것을 세무서에 신고한 적이 있냐고. 그러면 그런 거 한 적이 없다고 대답한다. 아직 기장을 시작하지 않아서 인건비 신고를 해야 하는지도 몰랐다고 대답한다. 자, 이 상황에서 월급을 줬다는 사실은 사업자만 아는 상황이다. 그 급여에 대해 국세청과 4대 보험 공단은 전혀 모르고 있다. 월급을 줬다는 사실 만으로 모든 국가 기관이 사업자의 행동을 모니터링하고 척척 알고 있는 것은 아니다. 언제 얼마를 누구에게 지급했는지 원천세 신고를 해야만 적법한 인건비로 인정된다.

그렇다면 이렇게 원천세 신고를 하지 않은 경우에는 연말이 지나기 전에 소급해서 그해 미신고한 원천세 신고를 모두 해야 한다. 이를 기한 후 신고라고 칭한다. 기한 후 신고를 하는 경우에는 가산세를 부담해야 한다. 신고를 불성실

하게 했고 납부를 불성실하게 했으므로 당초에 납부해야 할 세금에 가산세가 붙어서 더 많이 납부해야 하는 것이다. 여기에 더해서 4대 보험 공단은 신고를 늦게 했으므로 이에 대해서 과태료도 부과할 수가 있다. 제때 신고했다면 인건비도 정상적으로 인정받고 당연히 비용 처리할 수 있는 것인데 신고 자체를 안 한다면 돈을 줬다고 해서 인정되는 아닌 것이다. 최악의 경우에는 증여로 추정될 수도 있다.

결과적으로 인건비를 지급했다면 반드시 그에 대해 적법하게 신고를 해서 비용으로 인정을 받아야 한다. 이를 늦추거나 하지 않으면 그에 대한 불이익은 사업을 하는 대표에게 돌아가게 된다.

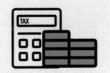

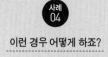
납부서가 2장인데
비슷해 보여서
1장만 냈어요

이런 경우가 있었다. 원천세 신고가 처음인 사업자 A는 집으로 배송된 납부서가 2장이어서 이를 자세히 보지 않고 동일 건이 2장 왔다고 생각하고 하나만 납부했다. 그런데 후에 국세 연체에 대한 안내장이 날아왔다. 어떻게 된 것일까?

세금은 국세와 지방세로 나뉜다. 우리가 흔히 접하는 세금 중에 부가세만 제외하고 법인세, 소득세, 원천세는 둘로 나뉜다. 그러므로 납부서가 동일한 게 2장 왔다고 생각하지 말고 2장 모두 납부해야 한다는 것을 잊지 말아야 한다.

다른 예로 이런 전화를 받은 경우가 있었다. 원천세가 나와서 납부를 했는데 생각보다 금액이 적어서 놀랐다는 것이다. 이런 경우 원천세 납부서 중에 지방세만 납부했을 가능성이 크다. 즉 원천세 국세가 1만 원인 경우에 지방세는 1,000원이 나오게 된다. 사업주 입장에서 둘 중에 1장만 납부를 했는데 그중 지방세만 납부한 것이다. 그러므로 사업주가 생각한 금액보다 훨씬 적은 금액만 납부했다. 그래서 원천세가 생각보다 적다고 생각한 것이다.

> **💡 TIP**
>
> 원천세의 경우 납부서 2장의 납부 방식이 다르다.
> 국세의 경우에는 납부서에 계좌이체할 계좌번호가 나와서 편리하게 납부할 수가 있다. 그런데 지방세의 경우에는 전자납부번호가 나오므로 이를 은행 사이트의 공과금에서 납부하거나 위택스에서 납부해야 한다. 이렇듯이 둘 사이의 납부 방식이 달라서 처음 납부하는 경우에는 지방세 납부 방식이 익숙하지 않게 된다. 만약 납부서에 있는 계좌로 이체하는 게 아니라 은행에 직접 가서 납부하게 되면 시간이 지체되고 아무래도 외출해야 하므로 불편하게 된다. 그러므로 납부서에 있는 계좌로 편리하게 납부하고 지방세 역시 은행사이트나 위택스에서 납부할 것을 추천한다.
> 우리가 세금 체납이 전혀 없다는 것을 증명하기 위해서 완납 증명서를 떼는 경우가 있다. 이 때 완납 증명서는 국세에 대해서도 떼야 하지만 지방세 역시 떼야 한다. 그러므로 국세, 지방세 어느 하나 체납되지 않도록 평상시 동시에 납부하는 것을 잊지 말아야 한다.

폐업을 결정해야 할 때도 있다

📁 절세를 위해 알아야 하는 **폐업 상식**

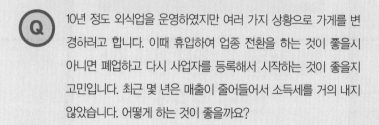

💡 휴업과 폐업

Q 10년 정도 외식업을 운영하였지만 여러 가지 상황으로 가게를 변경하려고 합니다. 이때 휴업하여 업종 전환을 하는 것이 좋을시 아니면 폐업하고 다시 사업자를 등록해서 시작하는 것이 좋을지 고민입니다. 최근 몇 년은 매출이 줄어들어서 소득세를 거의 내지 않았습니다. 어떻게 하는 것이 좋을까요?

A 휴업은 말 그대로 일정기간 영업을 쉬고 이후 영업을 재개하겠다는 것입니다. 폐업은 아예 사업자등록증을 말소하게 됩니다.
휴업의 경우에는 영업 중단 기간 중에도 신고는 계속해야 합니다.
새로운 사업을 계획하고 계시다면 폐업을 하고 창업이 결정된 이후에 새롭게 창업하는 것이 좋을 것으로 보입니다.

돌아오는 달에 폐업신고를 예정 중인 간이사업자입니다.

2017년 4월에 신규 간이과세자 사업자로 시작해 폐업 신고할 날짜까지 집계한 총 매출이 2000만 원 정도 나왔는데요(현금 매출 1300, 카드매출 700). 이 경우 폐업 부가가치세가 어떻게 산출되는지 알 수 있을까요?

추가로 내년 5월 종합소득세를 신고해야 한다는데 종합소득세도 유추할 수 있는지 알고 싶습니다.

 간이과세자의 경우 연환산 3000만 원 미만인 경우 신고하시면 납부의무가 면제됩니다. 그러므로 연중에 창업을 하고 연중에 폐업한 경우에는 2000만 원이더라도 연으로 환산하면 3000만 원이 넘을 수도 있습니다.

몇 개월인지에 따라 달라지게 됩니다.

폐업한 다음 달 25일까지 부가세 신고를 하셔야 합니다. 간이과세자는 업종별 부가율이 있어서 업종마다 부가세가 다르게 계산됩니다. 확실한 것은 일반과세자에 비해서는 적게 됩니다.

종합소득세는 비용을 처리한 후 세금계산이 가능하므로 종합신고서를 작성해야 최종 세액을 알 수 있습니다.

☀️ 개인 일반과세자 폐업

Q 인터넷쇼핑몰을 개설하고 개인사업자로 등록했지만 실질적 운영은 하루도 안 하였고, 약 1년 5개월 후 오늘 홈택스로 사업자폐업 신고를 하였습니다.

그동안 매출이 단 1원도 없는 상태이기에 다음 달 25일까지 부가가치세 신고납부와 다음 해 5월 종합소득세 신고납부도 불필요할 것 같아 보이는데 기본 신고만 하면 되나요?

A 매출이 없더라도 폐업 부가세 신고와 종합소득세 신고는 해야 합니다.

폐업 시에는 다음 달 25일까지 폐업부가세 신고를 하십시오. 그리고 종합소득세는 다음 해 5월에 종합소득세 신고를 진행하면 됩니다.

실제 아무런 매출도 없었다면 비용만 정리해서라도 신고를 해두시기 바랍니다. 사업자가 신고 자체를 하지 않으면 세무서 입장에서는 무신고자로 분류합니다. 실제 매출과 매입이 얼마인지 세무서 입장에서는 당장 파악이 안 되므로 무신고자로 분류되어 불이익을 받을 수도 있습니다.

이미 지나간 건이라도 정해진 신고 기간 이후에 기한후 신고로 접수할 수 있습니다.